burda

Desserts

Über 200 süße Rezeptideen

Pawlak

Lizenzausgabe 1989 für
Manfred Pawlak Verlagsgesellschaft mbH, Herrsching

Rezepte: burda-Kochstudio
Fotos: burda-Fotostudio
Umschlaggestaltung: Bine Cordes, Weyarn
Umschlagfoto: Studio Teubner, Füssen
Printed in Italy
by Arti Grafiche VINCENZO BONA s.p.a.
ISBN: 3-88199-490-4

Vorwort

Was das Tüpfelchen auf dem „i“, ist das Dessert nach einem schönen Essen: Abschluß, Ausklang, für manche sogar der Höhepunkt. Denn was ein echter Genießer ist, dem läuft schon während des Hauptgangs bei der Aussicht auf eine flaumige Schokoladencreme, ein sahniges Eisdessert das Wasser im Mund zusammen.
Machen Sie also Ihrer Familie und Ihren Gästen die Freude, überraschen Sie sie mit einem süßen Nachtisch. In diesem burda-Süßspeisen-Kochbuch mit über 200 Rezepten finden Sie ganz sicher das Dessert, das zu Ihrer Menüfolge, der Jahreszeit, dem verfügbaren Zeitaufwand, Ihren Kochkünsten und ... Ihrem Geldbeutel paßt. Ganz gleich, ob sie eine Creme, einen Pudding, ein Frucht- oder Eisdessert zubereiten wollen: In allen Süßspeisen-Gruppen finden Sie einfache Rezepte für die „junge Köchin“ und etwas kompliziertere für die erfahrene Hausfrau, die ihr Können gern unter Beweis stellt.
Eines aber können alle Süßspeisen-Köchinnen: Ihrem Ideen-Reichtum freies Spiel lassen, wenn's um die Garnierung geht. Denn was wäre ein noch so schmackhafter Nachtisch ohne eine appetitanregende, Auge und Gaumen gleichermaßen erfreuende Garnitur?
Jedes Rezept ist – falls nicht anders angegeben – für 4 Personen berechnet.

Inhalt

Inhaltsverzeichnis aller Desserts mit

Kalorien/Joule auf einen Blick

Backwaren, Eier	Kalorien =	Joule
1 Brötchen (45 g)	126	527
1 Scheibe Pumpernickel (40 g)	97	406
Baiser, gebacken (100 g)	432	1807
Zwieback (100 g)	396	1657
Biskuit, gebacken (100 g)	266	1113
1 Teelöffel Butter (5 g)	40	167
1 Teelöffel Margarine (5 g)	38	159
1 Ei, ca. 60 g	88	368
Eigelb, flüssig (100 g)	377	1577
Eiklar, flüssig (100 g)	54	226

Obst und Eingemachtes		
Äpfel, frisch (100 g)	52	218
Apfelmus, Dose (100 g)	79	331
Ananas, frisch (100 g)	57	238
Ananas, Dose (100 g)	95	397
Apfelsinen, ohne Schale (100 g)	54	226
Aprikosen, ohne Stein (100 g)	54	226
Aprikosen, Dose (100 g)	93	389
Avocados (100 g)	240	1004
Bananen, ohne Schale (100 g)	90	377
Birnen, frisch (100 g)	59	247
Birnen, Dose (100 g)	72	301
Brombeeren (100 g)	48	201
Erdbeeren, frisch (100 g)	39	163
Erdbeeren, Dose (100 g)	86	360
Heidelbeeren, frisch (100 g)	60	251
Heidelbeeren, Dose (100 g)	90	377
Himbeeren, frisch (100 g)	40	167
Himbeeren, Dose (100 g)	104	435
Johannisbeeren, rot (100 g)	37	155
Johannisbeeren, schwarz (100 g)	46	192
Kirschen, ohne Stein (100 g)	64	268
Kirschen, Dose (100 g)	80	335
Mandarinen, frisch (100 g)	36	151
Mandarinen, Dose (100 g)	87	364
Melonen (100 g)	26	109
Pfirsiche, frisch (100 g)	46	192
Pfirsiche, Dose (100 g)	79	331

Pflaumen, ohne Stein (100 g)	53	222
Rhabarber (100 g)	20	83,7
Stachelbeeren, frisch (100 g)	44	184
Stachelbeeren, Dose (100 g)	84	351
Weintrauben (100 g)	74	310
Rosinen (100 g)	270	1130

Milch und Milchprodukte

Trinkmilch (100 g)	64	288
Kondensmilch, 10% Fett (100 g)	183	766
Schlagsahne, 30% Fett (100 g)	300	1255
Speisequark, mager (100 g)	72	301
Speisequark, 40% Fett i. Tr. (100 g)	158	661
Joghurt aus Trinkmilch (100 g)	78	326

Süßspeisen, Nüsse, Eis

Gelee (100 g)	254	1063
Honig (100 g)	305	1276
Ingwer, eingelegt (100 g)	340	1423
Marmelade (100 g)	257	1075
Nougat (100 g)	575	2406
Schokolade (100 g)	563	2356
Zucker (100 g)	394	1648
Erdnüsse (100 g)	630	2636
Haselnüsse (100 g)	690	2887
Mandeln (100 g)	650	2720
Walnüsse (100 g)	705	2950
Fruchteis (100 g)	138	577
Milchspeiseeis (100 g)	128	536

Getränke

Apfelsaft (1/4 l)	117	490
Apfelsinensaft, ungesüßt (1/4 l)	122	510
Himbeersirup (1/8 l)	338	1414
Johannisbeersaft, rot (1/4 l)	125	523
Traubensaft (1/4 l)	185	774
Sanddornsaft (1/4 l)	65	272
Likör (2 cl)	85	356
Weinbrand (2 cl)	47	197
Weißwein (1/4 l)	160	669
Rotwein (1/4 l)	180	753
Sekt, trocken (0,1 l)	80	335
Sekt, süß (0,1 l)	110	460

Warum der Nachtisch so wichtig ist

Der Nachtisch muß immer auf das vorangegangene Hauptgericht abgestimmt sein. Er sollte das Mittagessen nicht nur geschmacklich abrunden, sondern auch die im Hauptgang zu kurz gekommenen Nährstoffe ergänzen.

Eine geübte Hausfrau wird auch nicht nach einem kalorienreichen Hauptgericht einen ebenfalls kalorienreichen warmen Pudding servieren, sondern ein leichtes Fruchtdessert.

Ist der Hauptgang zum Beispiel arm an Eiweiß, kann ein Dessert aus Quark und Joghurt den Mangel ausgleichen.

Auf diese Weise liegt es in der Hand der Hausfrau, ihre Familie mit einer ausgewogenen, harmonisch abgestimmten, nährstoff- und vitaminreichen Kost zu versorgen.

Wichtige Tips bei der Zubereitung von

Aufläufen:

Der Auflauf ist eine lockere, überbackene Speise, die langes Stehen übelnimmt und sich durch Einsinken rächt, falls sie nach dem Backen nicht sofort serviert wird.
Ein Auflauf wird immer in einer feuerfesten Form überbacken, die gut mit Butter oder Margarine ausgefettet sein muß. Da der Teig beim Backen aufläuft (der Name sagt's) darf die Auflaufmasse nur etwa 3/4 der Form ausfüllen. Der Auflauf ist gar, wenn sich der Teig von der Form zu lösen beginnt. Während des Backens sollte die Röhre nicht zu oft geöffnet werden. Die kühle Luft verzögert das Aufgehen des Auflaufs. Aufläufe werden immer in der Backform serviert und nie gestürzt. Das vereinfacht das Servieren.

warmen Puddings:

Ein warmer Pudding wird in einer gut schließenden, gefetteten und ausgebröselten Puddingform mit festsitzendem Deckel im Wasserbad gegart. Die Form wird zu drei Viertel mit Puddingmasse gefüllt und bis zur Hälfte in leicht kochendes Wasser gestellt. Der Wassertopf wird während des Kochens mit dem Deckel zugedeckt.

Wichtig!

Lassen Sie die geöffnete Puddingform nach dem Kochen in der heißen Backröhre kurz abdampfen: Danach läßt sich der Pudding besser auf eine Platte stürzen.

Cremes:

Steifer Eischnee oder geschlagene Sahne geben einer Creme die nötige lockere Konsistenz; Gelatine verleiht einer Creme ihre Festigkeit, sie fällt nicht so schnell zusammen und läßt sich – je nach Gelatinegehalt – stürzen.

Quark- und Joghurtspeisen

sind durch ihren hohen Eiweiß- und niedrigen Fettgehalt (sofern es sich nicht um Sahne-, sondern Magerquark handelt) kalorienarm, sehr gesund und können deshalb so oft wie möglich im Speiseplan berücksichtigt werden. Außerdem sind Quark- und Joghurtcremen einfach, schnell und abwechslungsreich zuzubereiten, sie werden nie langweilig.

Eiscremes

fertig gekauft oder selbstgemacht und mit Früchten oder süßen Soßen variiert, sind unabhängig von der Jahreszeit und als Dessert immer beliebt. Wird das Eis selbst zubereitet, ist zu beachten: Kühlschrank auf die niedrigste Temperatur stellen, sonst kristallisiert das Eis und wird nicht sahnig. Möglichst für Eis ein Metallgefäß verwenden, Metall leitet die Temperatur am besten.

Götterspeise „Cherry"

4 Portionen à 320 Kalorien

750 g Sauerkirschen
1/8 l Rotwein
1 Stange Zimt
1 Päckchen Vanillinzucker
1 Eßlöffel Speisestärke
1/4 Tafel Schokolade „edelbitter", 1/8 l süße Sahne, 2 Eßlöffel Zucker
1 Scheibe Pumpernickel

Sauerkirschen waschen, abtropfen lassen und entsteinen. Rotwein mit Zimt und Vanillinzucker aufkochen, Kirschen hineingeben und zugedeckt 3 Minuten dünsten. Speisestärke mit etwas Wasser verquirlen, dazurühren und aufkochen. Kirschen erkalten lassen. Schokolade schmelzen, auf Pergament gießen und fest werden lassen. Davon mit einem Messer mit sehr dünner Klinge feine Späne abschaben. Sahne steifschlagen, mit Zucker abschmecken. Pumpernickel in kleine Würfel schneiden. Kirschen anrichten, mit Sahne bedecken, mit geriebenem Pumpernickel und Schokoladenspänen reichlich bestreuen.

Quarkcreme mit schwarzen Kirschen

4 Portionen à 300 Kalorien

500 g Quark, 3/8 l Milch
5–6 Eßlöffel Zucker
1 Eiweiß, etwas Zitronensaft
200 g schwarze Kirschen
einige Scheiben Sand- oder Rührkuchen

Quark mit Milch und Zucker verrühren. Eiweiß als steifen Schnee unterziehen, mit etwas Zitronensaft und einigen gewaschenen, entsteinten und durchpassierten Kirschen verrühren. Quark auf einer Schale anrichten, übrige Kirschen und die Kuchenstücke drumherum legen. (Foto Seite 17, unten, 1).

Pfirsiche mit Schokoladensoße

4 Portionen à 380 Kalorien

4 frische Pfirsiche
1/8 l Wasser, 65 g Zucker
Für die Soße:
75 g bittere Schokolade
1/8 l Pfirsichsirup
1/8 l Wasser
10 g Speisestärke
eventuell 2–3 eingelegte Ingwerfrüchte
1/8 l süße Sahne

Pfirsiche kurz in heißes Wasser tauchen, abziehen, entkernen. Wasser und Zucker aufkochen. Pfirsichhälften bei schwacher Hitze darin weichkochen. Pfirsichhälften in Schälchen legen und mit Schokoladensoße übergießen. Für die Soße: Schokolade in kleine Stücke brechen. Pfirsichsirup, Wasser, Schokolade und Speisestärke unter ständigem Rühren bei schwacher Hitze kurz aufkochen. Erkalten lassen. Nach Belieben kleingewürfelten Ingwer und die geschlagene, nachgesüßte Sahne unter die Soße ziehen.

Johannisbeeren mit Reis-Rösti

Johannisbeeren waschen, entstielen, einzuckern und in eine Schüssel geben. Geschlagene Sahne darüber und Rösti darauf verteilen. Als Garnitur: Eine angefeuchtete Johannisbeertraube in buntem Zucker wenden und obenauf legen. (Foto Seite 17, unten, 2).

4 Portionen à 365 Kalorien

500 g rote Johannisbeeren
125 g Zucker
1/8 l geschlagene Sahne
4 Eßlöffel Reis-Rösti
2 Teelöffel bunter Zucker

Pfirsiche auf Schokoladeneis

Pfirsiche in heißes Wasser tauchen, enthäuten und entsteinen, vierteln. Schokoladeneis in vier Schalen verteilen, Pfirsiche darauflegen und die Schlagsahne löffelweise darüberziehen. (Foto Seite 17, unten, 3).

4 Portionen à 370 Kalorien

4 frische Pfirsiche oder Pfirsiche aus der Dose
1 Paket Schokoladeneis
4 Eßl. gesüßte Schlagsahne

Coupe „Erika"

Pfirsiche in heißes Wasser tauchen, Haut abziehen. Fruchtfleisch von den Kernen in Spalten schneiden. Johannisbeeren entstielen. Früchte mit Vanillinzucker, Zucker und Apricot Brandy mischen und zugedeckt kalt stellen. Früchte mit Joghurt in 4 Gläser verteilen. Mit zurückgelassenen Johannisbeertrauben garnieren.

4 Portionen à 160 Kalorien

4 Pfirsiche, 125 g rote Johannisbeeren
1 Päckchen Vanillinzucker
1 Eßlöffel Zucker
1 Likörglas Apricot Brandy
2 Becher Joghurt

Fruchtsalat

Fruchtsaft aus der Dose mit Vanillinzucker und Zucker ca. 5 Minuten kochen. Zuletzt in Scheiben geschnittene Bananen zugeben, kalt stellen. Kompottfrüchte mit den vorbereiteten Beeren zu den erkalteten Bananen und dem Fruchtsaft geben. Zitronensaft und Alkohol zugeben. Fruchtsalat 1 Stunde kalt stellen. Danach anrichten und mit geriebenen Nüssen bestreuen.

4 Portionen à 260 Kalorien

1/2 Dose Früchtecocktail
1 Päckchen Vanillinzucker
2 gehäufte Eßlöffel Zucker
2 Bananen, 250 g Beeren (Erdbeeren, Himbeeren)
Saft von 1 Zitrone
2 Likörgläser Weinbrand
geriebene Nüsse

Grand Marnier

4
2
3
1

4
4
3
1
2

Erdbeeren „Ninon"

4 Portionen à 210 Kalorien

500 g frische Erdbeeren
1 kleine Dose Ananas in Scheiben
1/2 Haushaltspackung Vanille-Eiscreme
2 Eßlöffel Himbeer-Konfitüre
1/2 Tasse Ananassaft

Erdbeeren waschen, entstielen und abtropfen lassen. Ananas auch abtropfen lassen und durchschneiden. Vanille-Eiscreme auf 4 gekühlte Glasteller verteilen. Dafür einen Eßlöffel in heißes Wasser tauchen und die Eiscreme damit in dünnen Schichten abschaben. Erdbeeren um die Eiscreme legen, Ananasstücke im Halbbogen daranlegen. Himbeer-Konfitüre mit 1/2 Tasse Ananassaft verrühren. Das Dessert damit umgießen und sofort servieren. (Foto Seite 17, oben links).

Erdbeer-Meringe-Berg

4 Portionen à 400 Kalorien

2 Eiweiß, 150 g Zucker
1/4 l süße Sahne
1 Päckchen Vanillinzucker
500 g Erdbeeren
abgeriebene Orangenschale

Eiweiß zu Schnee schlagen. 50 g Zucker unterschlagen und 50 g zuletzt unter den sehr steifen Schnee heben. Von dieser Masse drei Kreise auf ein mit Papier belegtes Blech streichen und in der Röhre ca. 3 Stunden bei 100 bis 200 Grad mehr trocknen als backen. Zwischen die erkalteten Meringenböden die mit Vanillinzucker gesüßte, geschlagene Sahne und die gewaschenen, entstielten, gezuckerten und mit abgeriebener Orangenschale vermischten Erdbeeren setzen und kalt servieren. (Foto Seite 17, oben rechts).

Gefüllte Melonen

4 Portionen à 610 Kalorien

1–2 reife Melonen
500 g Erdbeeren oder
250 g Heidelbeeren
oder 1 Dose Mandarinen und 1 Glas Maraschinokirschen, 250 g Zucker
oder 250 g Himbeeren mit 1 Päckchen Vanille-Eiscreme

Melonen halbieren. Kerne entfernen. Aus dem Fruchtfleisch mit einem Kartoffelausstecher Bällchen abstechen. Melonenbällchen mit halbierten Erdbeeren und Zucker vermischt in die Melonenhälften füllen. Oder Heidelbeeren mit Melonenbällchen in eine ausgehöhlte Melonenschale füllen und etwas Zucker darübergeben. Gut schmecken auch Mandarinen und Maraschinokirschen gemischt. Dann wird der Mandarinensaft mit in die Melonenhälften gegossen. Wenn Sie die Melonen mit Himbeeren und Vanilleeis füllen, wird das Eis in kleine Würfel geschnitten. Nach dem Anrichten sofort servieren. (Foto Seite 17, unten, 4).

Trifle

Ei, Eigelb und Zucker schaumig rühren, mit Milch ins heiße Wasserbad stellen, unter Rühren dicklich werden lassen. Kalt stellen. – Teekuchen auf einer Platte anrichten, mit Sherry beträufeln und mit Himbeer- oder Johannisbeergelee bestreichen. Pfirsichhälften und Ananasstücke abgießen. Banane und Birne schälen, entkernen. Früchte in Stücke schneiden, mischen, über den Kuchen geben. 1 Stunde kalt stellen. Mit Schlagsahne garnieren und die kalte Eisoße dazu servieren. (Foto Seite 16, oben links).

4 Portionen à 690 Kalorien

1 Ei, 1 Eigelb
1 gehäufter Eßlöffel Zucker
1/4 l Milch
6–8 Scheiben Teekuchen
etwas Sherry, 3 Eßlöffel Himbeer- oder Johannisbeergelee, 1/2 Dose Pfirsiche
1/4 Dose Ananas in Stücken
1 Banane, 1 Birne, etwas gesüßte Schlagsahne

Melonen mit Weinbrandfrüchten

Melonen 2 Stunden kühl stellen. Pfirsiche in heißes Wasser tauchen, Haut abziehen. Mit Kartoffelausstecher Kugeln abstechen. Melonen halbieren, entkernen und auch Kugeln abstechen. Mit Pfirsichen und gewaschenen, entstielten Beeren vermischen. Mit Zucker oder Honig, Vanillinzucker und Weinbrand vermengen und in die Melonenhälften füllen. Auf kleingeschlagenem Eis servieren. Mit gewaschenen Melissenblättchen garnieren oder Blätter hacken und unter die Fruchtkugeln mischen. (Foto Seite 16, oben rechts).

4 Portionen à 175 Kalorien

2 Melonen (Zucker-, Cantaloupe-, Netz- oder Ogenmelonen)
3 Pfirsiche
125 g rote Johannisbeeren oder Himbeeren
1 Eßlöffel Zucker oder Honig
1 Päckchen Vanillinzucker
2 Likörgläser Weinbrand

Frische Erdbeeren in Rotwein

Erdbeeren waschen, entstielen und in eine Schüssel legen. Puderzucker darüberstäuben. Schüssel in den Kühlschrank stellen. Danach Erdbeeren in Gläser verteilen, mit Rotwein auffüllen und sofort servieren. Der Rotwein kann auch durch roten oder weißen Sekt ersetzt werden. (Foto Seite 16, unten, 1).

4 Portionen à 125 Kalorien

500 g frische Erdbeeren
2 gehäufte Eßlöffel Puderzucker
3/8 l starker Rotwein

Himbeer-Wein-Gelee

4 Portionen à 375 Kalorien

500 g Himbeeren
2 Eßlöffel Puderzucker
1 Likörglas Weinbrand, Kirschwasser oder Himbeergeist
3/8 l Weißwein
6 Blatt weiße Gelatine
2 gehäufte Eßlöffel Zucker
1/4 l süße Sahne
1 Päckchen Vanillinzucker

Himbeeren mit Puderzucker, Weinbrand, Kirschwasser oder Himbeergeist eine Stunde marinieren. 1/8 l Weißwein erhitzen. Die zuvor 5 Minuten in kaltem Wasser eingeweichte und gut ausgedrückte Gelatine darin auflösen, zum restlichen Weißwein geben und den Zucker unterrühren. Himbeeren in Gläser oder kleine Förmchen verteilen, mit dem kalten, aber noch nicht gestockten Weißwein auffüllen und kalt stellen. Himbeer-Wein-Gelee mit gesüßter Schlagsahne und je einer zurückgelassenen Himbeere hübsch garnieren. (Foto rechts, oben links).

Leckeres Wein-Gelee

4 Portionen à 80 Kalorien

6 Blatt weiße Gelatine
1/4 l Fruchtsaft
1/8 l Weißwein
Saft von 1/2 Zitrone
1 Päckchen Vanillinzucker
2 Likörgläser Fruchtlikör

Gelatine in kaltem Wasser 5 Minuten einweichen, ausdrücken und in etwas kochend heißem Fruchtsaft auflösen. Restlichen Fruchtsaft, Weißwein, Zitronensaft, Vanillinzucker und Fruchtlikör dazugeben. Gut umrühren. In 4 Gläser verteilen und fest werden lassen. Dazu passen die Eirahm- und die Vanillesoße von Seite 66. (Foto rechts, oben rechts).

Orangen-Wein-Gelee

4 Portionen à 260 Kalorien

5 bis 6 saftige und möglichst kernlose Orangen
9 Blatt helle Gelatine
3/8 l Weißwein
100 g Zucker
1/2 Glas Maraschinokirschen

Orangen mit einem Messer bis aufs Fruchtfleisch abschälen. In dünne Scheiben schneiden und vorhandene Kerne entfernen. Gelatine 10 Minuten in kaltes Wasser legen. Etwas Wein und Zucker bis kurz vor dem Aufkochen erhitzen. Ausgedrückte Gelatine darin auflösen. Maraschinosirup und übrigen Wein dazugießen. Orangenscheiben mit den Kirschen in eine Glasschale schichten und Weingelee darübergießen. Fest werden lassen. (Foto rechts, unten).

Früchtereis mit Himbeeren

Reis mit kalter Milch, kaltem Wasser, Zitronenschale und 1 Prise Salz zum Kochen bringen. Mit aufgelegtem Deckel bei schwacher Hitze in etwa 35 Minuten aufquellen lassen. Zucker darunterrühren, Reis kalt stellen. Himbeeren waschen und einige schöne Beeren zum Garnieren zurückbehalten. Übrige Himbeeren mit dem Puderzucker mischen und durch ein Haarsieb passieren. Himbeerpüree mit Zitronensaft vermischen. Gelatine in kaltes Wasser legen, 5 Minuten einweichen, ausdrücken und in 4 Eßlöffel kochend heißem Wasser auflösen. Sahne steifschlagen, etwas davon in einen Spritzbeutel füllen, Spritzbeutel in den Kühlschrank legen. Gelatine ins Himbeermark rühren. Himbeermark mit Reis mischen. Sahne darunterziehen und den Früchtereis in eine kalt ausgespülte Form füllen. Im Kühlschrank in etwa 2 bis 3 Stunden fest werden lassen. Danach stürzen und mit Sahnetupfern und Himbeeren garnieren. (Foto Seite 16, unten, 4).

4 Portionen à 580 Kalorien

200 g Reis, 1/2 l Milch
1/4 l Wasser
Schale von 1/2 Zitrone
1 Prise Salz
2 gehäufte Eßlöffel Zucker
500 g frische Himbeeren
3 gehäufte Eßlöffel Puderzucker, Saft von 1 Zitrone
4 Blatt Gelatine
1/4 l süße Sahne

Tip: *Sollte Ihnen der Früchtereis mit Himbeeren etwas zu gehaltvoll sein, lassen Sie die Sahne einfach weg und nehmen stattdessen 1 Packung Dessertschaum, die Sie mit 1/8 l Milch zubereiten. Sie sparen auf diese Weise die Hälfte der Sahnekalorien.*

Früchtecremespeise

Mandarinen auf ein Sieb schütten, abtropfen lassen, Saft auffangen. Birne schälen, vierteln, entkernen, in Stücke schneiden, mit den Mandarinen mischen. Milch zum Mandarinensaft geben. Cremepulver hineinrühren und die Speise ca. 1 Minute stocken lassen. Sahne steifschlagen, unter die Creme ziehen und die Früchte darunterheben. Cremespeise in eine Glasschale füllen und mit zurückbehaltenen Maraschinokirschen garnieren. Mandeln in einer Pfanne oder im Backofen leicht rösten und darüberstreuen. (Foto Seite 16, unten, 5).

4 Portionen à 295 Kalorien

1/2 Dose Mandarinen
1 frische Birne, 1/8 l Milch
1 Päckchen nicht kochbares Cremepulver, 1/4 l süße Sahne, Maraschinokirschen
gehobelte Mandeln

Ananasschaum

Gelatine in kaltem Wasser 5 Minuten aufquellen lassen. Im heißen Ananassaft auflösen. Eiweiß zu steifem Schnee schlagen und abgekühlte Gelatine-Mischung unterschlagen. Mit den kleingeschnittenen Ananasscheiben vermischen und in Gläser verteilen. Nach Wunsch zusätzlich mit Zucker süßen. Zuletzt ein Stückchen Ananas als Garnierung auf den Glasrand stecken. (Foto links, oben rechts).

4 Portionen à 55 Kalorien

3 Blatt helle Gelatine
1/2 Tasse heißen Ananassaft
2 Eiweiß, 4 Scheiben Ananas
eventuell 2 Eßlöffel Zucker

Ananasscheiben flambiert

Ananasscheiben abtropfen lassen oder frische Ananas in Scheiben schneiden. Zucker mit Butter in einer Pfanne gelb schmelzen. Ananas hineingeben. 3 Minuten erhitzen. Brombeerlikör und Weinbrand zugießen, anzünden. Flamme unter Rütteln der Pfanne abbrennen lassen. Süße Sahne zugießen, verkochen lassen. Anrichten. Nach Wunsch auf Vanille-Eiscreme angerichtet servieren und mit etwas gesüßter Sahne garnieren. (Foto links, oben links).

4 Portionen à 385 Kalorien

1 große Dose Ananasscheiben oder eine frische Ananas, 2 gehäufte Eßlöffel Zucker, 1 Eßlöffel Butter
3 Likörgläser Brombeerlikör, 2 Likörgläser Weinbrand, 4 Eßlöffel süße Sahne
eventuell 1 Packung Vanille-Eiscreme

Pfirsiche mit Brombeersoße

Pfirsiche in heißes Wasser tauchen, abziehen, halbieren und entkernen. 1 Tasse Wasser, Zucker und Vanillinzucker im flachen Topf erhitzen, Pfirsiche darin 5 Minuten dünsten. Herausnehmen und Brombeeren darin kurz aufkochen. Soße abkühlen lassen und mit Likör, Rum, Kirschwasser oder Weinbrand und etwas Zitronensaft abschmecken. Pfirsiche mit der Schnittfläche nach oben in eine Glasschüssel setzen. Die Sahne schlagen, mit etwas Zucker süßen und in die Pfirsiche spritzen. Mit gerösteten Mandeln bestreuen. Dazu Brombeersoße. (Foto links, unten rechts).

4 Portionen à 285 Kalorien

4 frische Pfirsiche
2 gehäufte Eßlöffel Zucker
1 Päckchen Vanillinzucker
125 g Brombeeren
2 Likörgläser roter Fruchtlikör, Rum, Kirschwasser oder Weinbrand
Saft von 1/2 Zitrone
1/8 l süße Sahne
1/2 Beutel gehobelte Mandeln

Johannisbeer-Kaltschale

4 Portionen à 330 Kalorien

1 kg Johannisbeeren
1/2 l Wasser, ca. 150 g
Zucker, 2 Eiweiß
1 Prise Salz, 1 Eßlöffel
Zucker, 80 g Sago
Streifen von Orangen- oder Zitronenschale

Beeren entsaften. Wasser mit Zucker aufkochen. Eiweiß mit Salz zu steifem Schnee schlagen, 1 Eßlöffel Zucker unterheben. Mit einem Teelöffel von der Eiweißmasse Klößchen abstechen und ins heiße Zuckerwasser geben, zugedeckt 5 Minuten ziehen lassen, aber nicht kochen. Klößchen herausnehmen und abkühlen lassen. Sago in das wieder erhitzte Zuckerwasser einrühren und aufquellen lassen. Masse erkalten lassen und unter den Johannisbeersaft rühren. Eventuell nachsüßen. Kaltschale in einer Terrine anrichten, mit Eiweißklößchen belegen und mit Orangen- oder Zitronenstreifen bestreuen. Dazu Löffelbiskuits reichen. (Foto Seite 29, linke Spalte, oben).

Westfälische Quarkspeise

4 Portionen à 405 Kalorien

250 g Quark, 1/2 Eßl.
Zitronensaft, 1 Prise Salz
2 Eßl. Zucker, 1/8 l süße
Sahne, 250 g Johannisbeeren, 1 Eßlöffel Zucker
1 Scheibe Pumpernickel
1 Päckchen Vanillinzucker
1/2 Tafel Halbbitter-Schokolade

Quark mit Zitronensaft, Salz und Zucker schaumig rühren und die leicht geschlagene Sahne unterheben. Johannisbeeren waschen, entstielen und zuckern. Pumpernickel reiben und mit Vanillinzucker mischen. Schichtweise Quark, Johannisbeeren und Pumpernickel in Gläser füllen, mit grob geraspelter Schokolade und je einer Johannisbeertraube garnieren. (Foto Seite 29, linke Spalte, Mitte).

Johannisbeeren „Fermière"

4 Portionen à 205 Kalorien

500 g frische rote Johannisbeeren, 1 Eßlöffel Zucker
2 Eßlöffel Bienenhonig
250 g Sahnequark
1/2 Tasse Milch
1 Teelöffel Zimt
1 Päckchen Vanillinzucker

Johannisbeeren waschen, entstielen, in eine Schüssel geben und mit Zucker mischen. Zudecken und für etwa 1/2 Stunde in den Kühlschrank stellen. Bienenhonig in einen hohen Rührbecher geben, dazu Sahnequark, Milch, Zimt und Vanillinzucker. Mit dem Handmixer luftig aufschlagen und abschmecken. Johannisbeeren und Quarkcreme abwechselnd in mehreren Schichten in vier Weingläser oder Sektschalen verteilen. (Foto Seite 29, rechte Spalte).

Schokoladeäpfel

Äpfel schälen, Kerngehäuse ausstechen, in Scheiben schneiden und in dem gewürzten Wasser kernig dünsten. Apfelscheiben im Fond erkalten lassen, herausnehmen und den Fond einkochen lassen. Im Fond Kakao auflösen und mit etwas Zucker, Zimt und Sahne verrühren. Mandeln in einer Pfanne goldbraun anrösten, mit der Schokoladencreme vermischen und löffelweise zwischen die Apfelscheiben geben. Äpfel wieder zusammensetzen. (Foto Seite 28, oben, 1).

4 Portionen à 310 Kalorien

4 Äpfel, Saft von
1/2 Zitrone, 2 Eßlöffel
Zucker, 2 Eßlöffel Rum
1 Tasse Wasser
3 Eßlöffel Kakao
1 Teelöffelspitze Zimt
1/3 Tasse süße Sahne
80 g geschälte Mandeln

Orangenäpfel

Äpfel schälen und ausstechen. In einem Sud aus Weißwein, Zitronensaft und Zucker Äpfel dünsten, bis sie weich sind. Äpfel im Fond erkalten lassen. Orangen halbieren. Das Fruchtfleisch herausnehmen und kleinschneiden. Im Apfelfond das Orangenfleisch und Sanddorn-Sirup dick einkochen und erkalten lassen. Gedünstete Äpfel in Orangenschalen setzen. Milch mit Vanillinzucker zum Kochen bringen und mit angerührtem Puddingpulver binden. Eigelb mit 1 Eßlöffel Wasser verrühren und zum Schluß einrühren. Eiweiß mit Zucker zu steifem Schnee schlagen und mit Orangenlikör verfeinern und unter die Soße ziehen. Das erkaltete Orangenmus in die Äpfel füllen, mit Soße übergießen und mit den Orangenscheiben und den Kirschen garnieren. (Foto Seite 28, oben, 2).

4 Portionen à 310 Kalorien

4 Äpfel, Saft von 1/2 Zitrone
2 Eßlöffel Zucker
4 Orangen
1 Eßlöffel Sanddorn-Sirup
3/8 l Milch
1 Päckchen Vanillinzucker
2 Teelöffel Vanille-Puddingpulver, 1 Ei, 1 Eßlöffel
Zucker, 1 Teelöffel
Orangenlikör
4 Orangenscheiben
4 kandierte Kirschen

Honigäpfel

Von den Äpfeln einen Deckel abschneiden, aushöhlen, Kerngehäuse entfernen und ausgehöhltes Fruchtfleisch kleinschneiden. Das Innere der Äpfel mit Zitronensaft ausreiben. Gervais-Käse mit Vanillinzucker, Honig, Sahne oder Kondensmilch und Kirschwasser verrühren. Creme in die Äpfel füllen, den Deckel aufsetzen. Vor dem Servieren kalt stellen. (Foto Seite 28, oben, 3).

4 Portionen à 260 Kalorien

4 Äpfel, Saft von 1/4 Zitrone
2 Stücke Gervais-Käse
1 Teel. Vanillinzucker
2 Eßlöffel Honig
1/2 Tasse süße Sahne oder
Kondensmilch
1 Eßlöffel Kirschwasser

1
2
3
4

Rotweinäpfel

4 Portionen à 450 Kalorien

4 Äpfel, Saft von 1/2 Zitrone
2 Eßlöffel Zucker
1 Tasse Rotwein
4 Tassen Milch
1 Teelöffel Butter oder Margarine
1 Päckchen Vanillinzucker
1 Prise Salz, 1 Tasse Reis
1 Orange, 1 Eßlöffel Zucker
1 Teelöffel Puddingpulver
1/4 l Milch, 1 Eigelb
einige geschälte Pistazien

Äpfel schälen, Kerngehäuse ausstechen. In mit Zitronensaft und Zucker gewürztem Rotwein zugedeckt kernig dünsten. Im Fond erkalten lassen. Milch mit Fett, Vanillinzucker und Salz aufkochen, Reis hineinschütten und ca. 30 Minuten garen. Reis in vier kalt ausgespülte Förmchen geben und erkalten lassen. Orange schälen, Schale in Streifen schneiden und in dem ausgepreßten Orangensaft mit Zucker dünsten. Die mit Puddingpulver verrührte Milch dazugeben und unter Rühren aufkochen lassen. Mit Sahne und Eigelb verfeinern. Äpfel auf die gestürzten Reisbällchen setzen und mit der kalten Soße übergießen. Mit Pistazienscheiben garnieren. (Foto Seite 28, oben, 4).

Rote Baiseräpfel

4 Portionen à 300 Kalorien

4 Äpfel, 2 Eßlöffel rote Marmelade, 2 Eßlöffel Zucker, Saft von 1/2 Zitrone
1 Teelöffel Butter
2 Eiweiß, 1 Teelöffel Zitronensaft, 1 Prise Salz
3 gehäufte Eßlöffel Puderzucker
3 Eßlöffel geschälte, geriebene Mandeln

Äpfel schälen, halbieren, entkernen und mit der Schnittfläche nach oben auf eine feuerfeste Platte legen. Marmelade, Zucker und Zitronensaft verrühren, Äpfel damit bestreichen, mit Butterflocken belegen und im vorgeheizten Backofen bei 200 Grad 20 Minuten backen. Inzwischen Eiweiß mit Zitronensaft und 1 Prise Salz zu steifem Schnee schlagen und zuletzt den Puderzucker und geriebene Mandeln locker darunterheben. Äpfel mit der Baisercreme überspritzen und noch ca. 5 Minuten backen.

Birne Hélène

4 Portionen à 230 Kalorien

2 Eigelb, 2 Päckchen Vanillinzucker, 1 Eßl. Zucker, 1/4 l süße Sahne
1 Dose Birnen, 1/2 Tasse Zucker, 2 gehäufte Eßl. Kakaopulver, 1 Löffelspitze Zimt, Eiswaffeln

Eigelb, Vanillinzucker und Zucker unter die geschlagene Sahne rühren und im Gefrierfach gefrieren lassen. 1/2 Tasse Birnensaft mit dem Zucker und Kakao 5 Minuten kochen lassen. Die abgetropften Birnen auf dem Vanilleeis anrichten, mit der heißen Schokoladensoße übergießen und mit Eiswaffeln garniert sofort servieren. (Foto Seite 28, unten).

Süßer Kirschenlaib

Entsteinte Kirschen in Zuckersirup kochen und erkalten lassen. Feine Pumpernickelwürfel mit Rum und Weißwein beträufeln, mit Zimt, abgeriebener Zitronenschale, Vanillinzucker und etwas Muskat würzen und die abgetropften Kirschen dazugeben. Sahne mit Zucker steif schlagen, mit aufgelöster Gelatine vermischen und schnell unter die Pumpernickelmasse mischen. Dessert in eine mit kaltem Wasser ausgeschwenkte Form füllen, einige Stunden kalt stellen. Mit Kirschfond servieren, der mit Speisestärke gebunden wurde. (Foto Seite 29, linke Spalte unten).

4 Portionen à 560 Kalorien

750 g Kirschen, 3 Eßlöffel Zucker, 250 g Pumpernickel
2 Eßlöffel Rum
1/2 Tasse Weißwein
1/2 Teelöffel Zimt
abgeriebene Schale 1 Zitrone
1 Päckchen Vanillinzucker
Muskat, 1/4 l süße Sahne
3 Eßlöffel Zucker
1 gehäufter Teel. Gelatine,
1/2 Teelöffel Speisestärke

Versunkene Pfirsiche

Zucker mit 2 Eßlöffel Pfirsichsaft zu Karamel bräunen und mit einigen Eßlöffeln Saft ablöschen. Den erkalteten Sirup mit dem Joghurt verrühren, steifgeschlagene Sahne darunterheben, in Schälchen anrichten und die Pfirsichhälften, mit der gewölbten Seite nach unten, darauflegen. Die grob gehackten Erdnüsse auf den Früchten verteilen. Das Dessert kalt stellen und servieren.

4 Portionen à 365 Kalorien

4 Eßlöffel Zucker
1 Tassse Pfirsichsaft
3 Becher Joghurt, 1/8 l süße Sahne, 1/2 Dose Pfirsiche
50 g geröstete Erdnußkerne

Pfirsiche mit Preiselbeerfüllung

Pfirsichhälften auf ein Sieb geben und abtropfen lassen. Früchte auf ein Stück Folie legen und mit Preiselbeer-Konfitüre und zerdrückten Löffelbiskuits füllen. Mit etwas Curaçao beträufeln, die Folie schließen und das Päckchen im Backofen bei 200 Grad 20 Minuten erhitzen. Das Folienpäckchen öffnen und auf eine Platte legen. Wer es noch üppiger liebt, serviert die Pfirsiche mit steifgeschlagener, gesüßter Sahne.

4 Portionen à 225 Kalorien

1 Dose Pfirsichhälften
8 Eßlöffel Preiselbeer-Konfitüre
12 Löffelbiskuits
Curaçao zum Beträufeln

Schwedisches Pflaumendessert

Backpflaumen über Nacht in dem Gemisch aus Weißwein, Wasser, Zitronensaft und Zucker einweichen. Danach im selben Sud aufkochen. Backpflaumen erkalten lassen, in einer Schale anrichten, mit Zitronenscheiben und Zitronenschalenspiralen garnieren und mit Sahne übergießen. (Foto links, oben rechts).

4 Portionen à 735 Kalorien

500 g entsteinte Backpflaumen, 1/2 l Weißwein
1/2 l Wasser, Zitronensaft
3 Eßlöffel Zucker, 1 Zitrone
1/2 l süße Sahne

Quarkspeise mit Brombeerkompott

Wasser mit Zucker und 1 Stück Zimt 2 Minuten kochen. Brombeeren und 1 Eßlöffel Zitronensaft hinzufügen und etwa 4 Minuten dünsten. Speisestärke mit etwas Wasser verquirlen, zu den Brombeeren rühren und kurz aufkochen lassen. Brombeerkompott abkühlen lassen. Sahnequark mit Zucker, dem Saft von 1 Zitrone und etwas Milch in einen Mixer geben und schaumig schlagen. Quarkspeise in 4 Schälchen anrichten, mit Brombeeren garnieren. Brombeersoße dazu servieren. (Foto links, oben links).

4 Portionen à 360 Kalorien

1/2 Tasse Wasser
3 gehäufte Eßlöffel Zucker
1 Stück Zimtstange
500 g Brombeeren
1 Eßlöffel Zitronensaft
2 gestrichene Teelöffel Speisestärke, etwas Wasser
375 g Sahnequark, 2 Eßlöffel Zucker, Saft von 1 Zitrone
etwas Milch

Mandarinen-Dessert

Mandarinen in ein Sieb schütten und Saft auffangen. Maraschinokirschen in dünne Scheiben schneiden. Vom Teekuchen (Sandtorte) 4 Stücke abschneiden und auf eine Platte legen. Eiscreme auf 4 gekühlte Glasteller verteilen und bis zum Servieren in den Kühlschrank stellen. Butter in der Pfanne erhitzen, Zucker darin schmelzen, Mandarinensaft dazugießen und einige Minuten einkochen lassen. Mandarinen und Maraschinokirschen hineinlegen und 2 Minuten kochen. Weinbrand in eine Kelle gießen, über einer Flamme erwärmen und entzünden. Sofort über das Dessert gießen und abbrennen lassen. Zu Eiscreme und Teekuchen servieren. (Foto links, unten).

4 Portionen à 430 Kalorien

1 große Dose Mandarinen (etwa 300 g)
10 Maraschinokirschen
1 kleiner Teekuchen (oder Sandtorte), 4 Kugeln Erdbeer- oder Kirsch-Eiscreme, 1 Eßlöffel Butter
2 Eßlöffel Zucker
etwa 1/2 Weinglas Weinbrand oder Cognac

Flambierte Erdbeeren mit Ananas

4 Portionen à 175 Kalorien

125 g frische Erdbeeren
1/2 Dose Ananas in Stücken
1 Eßlöffel Butter
1 Eßlöffel brauner Zucker
Saft von 1/2 Zitrone
1 Löffelspitze gemahlener Ingwer, 3 Likörgläser Rum

Erdbeeren waschen, entstielen und abtropfen lassen. Ananas in ein Sieb schütten, Saft auffangen. Butter in einer Pfanne erhitzen, Zucker hineinstreuen und Ananassaft dazugießen. 3 Minuten kochen, Früchte hineingeben. Etwa 1 Minute dünsten und nacheinander Zitronensaft, Ingwer und Rum dazugeben. Anzünden, abbrennen lassen und nach Belieben zu Schokoladen-Eiscreme servieren.

Flambierte Aprikosen

4 Portionen à 340 Kalorien

750 g reife, feste Aprikosen
1 Eßlöffel Butter
1 Teelöffel Zucker
3 Eßlöffel Aprikosenmarmelade
1/2 Weinglas Weinbrand
1/8 l Weißwein
8 Kugeln Vanille-Eiscreme

Aprikosen waschen, abtrocknen, halbieren und entkernen. Eine emaillierte Pfanne oder Kupferpfanne auf ein brennendes Rechaud stellen und erhitzen. Butter und Zucker hineingeben, rühren und gelb werden lassen. Aprikosen und Aprikosenmarmelade hinzufügen und 1 Minute dünsten. Mit Weinbrand übergießen, anzünden und verlöschen lassen. Danach den Weißwein dazugießen und die Aprikosen noch 3–4 Minuten kochen. Vanille-Eiscreme in 4 Gläser verteilen, die heißen Aprikosen darübergeben, sofort servieren.
Tip: Herb-würzig werden Aprikosen, wenn Sie einige aufgeschlagene Aprikosensteine mitkochen.

Flambierte Pfirsiche

4 Portionen à 195 Kalorien

4 reife, feste Pfirsiche
2 ungespritzte Orangen
6 Stück Würfelzucker
1 Eßlöffel Butter
1 Eßlöffel Zucker
1 Weinglas Orangenlikör

Pfirsiche kurz in kochendes Wasser tauchen, abziehen, halbieren und entkernen. Würfelzucker an der Orangenschale reiben, bis die Stücke vom Orangenöl der Schale durchzogen sind. Flambierpfanne oder eine Emaillepfanne auf das brennende Rechaud setzen und erhitzen. Butter hineingeben, aufschäumen lassen, Zucker hinzufügen und zu goldgelbem Karamel kochen. Saft der Orangen, Würfelzucker und Pfirsiche hineingeben und kochen, bis der Saft sirupartig ist. Mit Orangenlikör übergießen, anzünden und servieren.

Überbackene Marzipanpfirsiche

4 Portionen à 435 Kalorien

4 frische Pfirsiche
2 Eßlöffel rote Fruchtmarmelade oder Fruchtgelee
75 g Mandeln, 1 Ei
2 gehäufte Eßlöffel Puderzucker, 1/8 l süße Sahne
eventuell 1 Eßlöffel Rum, Kirschwasser, Himbeergeist oder Weinbrand

Pfirsiche in heißes Wasser tauchen, abziehen, entkernen und abtropfen lassen. 1/2 Teelöffel Marmelade oder Fruchtgelee in die Höhlung füllen und die Pfirsiche mit der Schnittfläche nach unten in eine feuerfeste Form setzen. Mandeln kurz in kochendes Wasser legen, abgießen und abziehen. Mandeln mit Ei, Puderzucker, Sahne, Rum, Kirschwasser oder Weinbrand in den Mixer geben und 1 Minute pürieren. Pfirsiche mit dieser Marzipanmasse übergießen. 5 Minuten überbacken und kalt oder heiß essen. Die Marzipancreme können sie auch aus 100 g Rohmarzipan, 1 Ei, Sahne und Rum zubereiten.

Orangenfilets mit Joghurtsoße

4 Portionen à 200 Kalorien

8 Orangen, 2 Likörgläser Orangenlikör
1 Becher Joghurt (natur)
2 gehäufte Eßlöffel Puderzucker
1/2 Päckchen Mandelsplitter

Orangen mit einem scharfen Messer dick abschälen. Fruchtfleisch aus den Bindehäuten schneiden, entkernen und in 4 Dessertschalen verteilen. Mit Orangenlikör beträufeln und 10 Minuten durchziehen lassen. Joghurt und Puderzucker miteinander verrühren und über die Orangenfilets verteilen. Mit im Backofen goldbraun gerösteten Mandelsplittern bestreuen und mit Biskuitgebäck oder Waffeln servieren.

Mokka-Birnen

4 Portionen à 425 Kalorien

1/1 Dose Birnen
3 gehäufte Eßlöffel Zucker
1 Ei, 2 gestrichene Eßlöffel Speisestärke, 2 gehäufte Teelöffel Pulverkaffee
1/4 l süße Sahne, 1 Päckchen Vanillinzucker
1 Päckchen gehobelte Mandeln

Birnensaft bis zu 1/2 l mit Wasser auffüllen und mit Zucker zum Kochen bringen. Eigelb mit etwas Flüssigkeit, Speisestärke und Pulverkaffee anrühren. Saft damit binden und nur einmal kurz aufkochen. Eiweiß zu Schnee schlagen, unterheben. Creme auf 4 Glasteller verteilen und erkalten lassen. Vor dem Servieren Creme mit den Birnen belegen und mit mit Vanillinzucker gesüßter Sahne und Mandeln garnieren.

Rhabarberschaum

4 Portionen à 95 Kalorien

250 g Rhabarber
3 Eßlöffel Zucker
1/2 Glas Weißwein
2 Blatt helle Gelatine
2 Eiweiß, 1 Orange

Rhabarber schälen, in 2 cm lange Stücke schneiden und in Zucker und Weißwein weich dünsten. Zuletzt die 5 Minuten in kaltem Wasser eingeweichte Gelatine zugeben. Eiweiß zu steifem Schnee schlagen. Den abgekühlten Rhabarber unterrühren, anrichten. Mit Orangenscheiben garnieren. (Foto rechts, oben links).

Heidelbeeren „Siam"

4 Portionen à 240 Kalorien

3 Tassen Milch, etwas Salz
1 Löffelspitze gemahlener Ingwer, 1 Tasse Rundkorn- bzw. Milchreis
2 Eßlöffel Zucker, Saft und Schale von 1 Orange
250 g frische Heidelbeeren

Milch mit Salz und Ingwer aufkochen, Reis hineinschütten und auch aufkochen. Zugedeckt bei schwacher Hitze in etwa 35 Minuten aufquellen lassen. 1 Eßlöffel Zucker und den Orangensaft darunterrühren und Reis in ein kaltes Wasserbad stellen. Gelegentlich umrühren und das Erkalten beschleunigen. Inzwischen die Heidelbeeren waschen, verlesen, in eine Schüssel geben, mit 1 Eßlöffel Zucker mischen und etwa 1/2 Stunde zugedeckt in den Kühlschrank stellen. Kurz vor dem Servieren Reis und Heidelbeeren in Gläser schichten und mit einigen Spiralen schmal abgeschnittener Orangenschale appetitanregend garnieren. (Foto rechts, oben rechts).

Rhabarber-Orangen-Gelee

4 Portionen à 390 Kalorien

750 g Rhabarber
300 g Zucker
1 Tasse Weißwein
2 Blatt Gelatine, 2 Orangen
einige Kirschen
Zum Garnieren:
Eischnee oder Sahne

Den Rhabarber schälen, in gleichmäßig lange Stücke schneiden, in einem Sirup aus Zucker und 1/3 Tasse Wasser gar dünsten, abtropfen und erkalten lassen. Rhabarberfond mit Wasser bis zu 1/4 l auffüllen, Weißwein dazugeben und Fond mit der eingeweichten, ausgedrückten Gelatine eindicken, die in wenig Saft erhitzt und aufgelöst wurde. Rhabarberstücke mit geschälten, entkernten Orangenscheiben und gedünsteten Kirschen in eine flache Schale legen. Das erkaltete, fast stockende Gelee auf die Früchte gießen und kalt stellen. Vor dem Servieren mit Eischnee oder gesüßter Schlagsahne garnieren. (Foto rechts, unten).

Orangen-Bananen-Fruchtsalat

4 Portionen à 255 Kalorien

6 Orangen, 4 Bananen
2 Eßlöffel Rosinen
1/8 l Wasser
1 Päckchen Vanillinzucker
2 Eßlöffel Zucker
Saft von 1 Zitrone

Mit einem spitzen Messer 2 Orangen durch Zickzack-Stiche halbieren. Das Fruchtfleisch aller Orangen in Spalten, Bananen in Scheiben schneiden. Rosinen im Wasser mit Vanillinzucker und Zucker 2 Minuten kochen und abgekühlt mit dem Zitronensaft über die Früchte geben, gut durchziehen lassen. Fruchtsalat in Orangenhälften anrichten, servieren. (Foto Seite 41, rechts, 1).

Aprikosen-Ananas-Fruchtsalat

4 Portionen à 175 Kalorien

1 Dose Ananas (in Stücken)
1 Dose Aprikosenhälften
1 Päckchen Vanillinzucker
2 Eßlöffel Zucker, 250 g frische Johannisbeeren
2 Likörgläser Rum oder Weinbrand

Ananas und Aprikosen kleinschneiden, vermischen. 1/8 l Fruchtsaft mit Vanillinzucker und Zucker aufkochen, abkühlen und gewaschene und entstielte Johannisbeeren ca. 1/2 Stunde darin ziehen lassen. Ananas- und Aprikosenmischung mit Johannisbeeren mischen, mit Rum verfeinern. Der Fruchtsalat kann mit frischer Ananas bereitet werden, den Salat füllt man dann in die ausgehöhlten Ananashälften. (Foto Seite 41, 2).

Ananas-Kirschen-Fruchtsalat

4 Portionen à 215 Kalorien

2 Eßlöffel Zucker
1 Glas Maraschinokirschen
2 Likörgläser Weinbrand
1/2 Dose Ananas (in Stücken), 3 mürbe Äpfel
1 Beutel gehobelte Mandeln

Zucker mit dem Sirup der Maraschinokirschen aufkochen, erkaltet mit dem Weinbrand über die Ananasstücke und die in Spalten geschnittenen Äpfel gießen, gut durchziehen lassen. Salat anrichten, mit den halbierten Kirschen garnieren, mit leicht gerösteten Mandeln bestreuen. Salat, mit frischer Ananas bereitet, in den ausgehöhlten Ananashälften servieren. (Foto Seite 41, 3).

Tip: *Die in den Ananas- und Orangenhälften angerichteten Fruchtsalate wirken besonders kühl und erfrischend, wenn Sie sie – wie auf dem Foto rechts – auf einem Tablett mit Eiswürfeln anrichten.*

Flambierter Reis mit Pfirsichen

Reis in der Milch mit der aufgeschlitzten Vanillestange oder aber Vanillinzucker gar kochen, mit Zucker und Fett verrühren, Eischnee unterziehen und kalt stellen. Reis auf Desserttellern anrichten und mit halbierten Pfirsichen umlegen. In jede Pfirsichhälfte eine Mandel stecken, mit Himbeergeist übergießen, anzünden und brennend servieren. (Foto Seite 40, oben rechts).

4 Portionen à 370 Kalorien

Milch, 1 Vanillestange
2 bis 3 Eßlöffel Zucker
1 Eßl. Butter, 1 Eiweiß
1 Dose Pfirsiche
einige abgeschälte Mandeln
4–6 Eßl. Himbeergeist

Reis Trauttmansdorff

Milch erhitzen, Reis, Salz und Zitronenschale zugeben und bei schwacher Hitze ca. 35 Minuten garen. Zuletzt Zucker unterrühren und Reis kalt stellen. Früchte abgießen, abtropfen lassen. Gelatine in kaltem Wasser 5 Minuten einweichen, in 1 Tasse erhitztem Fruchtsaft auflösen. Geschlagene Sahne, Früchte und die Gelatineflüssigkeit unter den Milchreis geben. Alles in eine kalt ausgespülte Form drücken und im Kühlschrank ca. 1 Stunde kalt stellen. Reis stürzen. Dazu Himbeersirup reichen. (Foto Seite 40, oben links).

4 Portionen à 570 Kalorien

1/2 l Milch, 125 g Reis
1 Prise Salz
1 Stück Zitronenschale
3 Eßlöffel Zucker
1/2 Dose gemischte Früchte
1/4 l süße Sahne
4 Blatt helle Gelatine

Reisrand mit Himbeergelee

Milch mit Butter und etwas Zitronenschale zum Kochen bringen und Reis zugeben. 40 Minuten zugedeckt auf kleiner Flamme oder in der Röhre garen. Danach 2 Eßlöffel Zucker und Vanillinzucker unterrühren und die Masse erkalten lassen. Gelatine in kaltem Wasser 5 Minuten einweichen. 2/3 der Himbeeren durch ein Sieb drücken und mit Zitronensaft verrühren. 1/8 l Wasser mit 2 Eßlöffel Zucker aufkochen, vom Feuer nehmen, ausgedrückte Gelatine darin auflösen und zum Himbeersaft geben. Dieses Himbeergelee in einer kalt ausgespülten Ringform erkalten und stocken lassen. Mit kaltem Reis auffüllen und für 1/2 Stunde in den Kühlschrank stellen. Reisrand mit Gelee auf eine Platte stürzen. In die Mitte die mit restlichen Himbeeren gemischte Sahne füllen. (Foto Seite 40, unten).

4 Portionen à 580 Kalorien

3/4 l Milch, 1 Eßlöffel
Butter, Saft von 1 Zitrone
150 g Reis, 2 Eßlöffel Zucker
1 Päckchen Vanillinzucker
6 Blatt helle Gelatine
750 g Himbeeren
2 Eßlöffel Zucker
1/8 bis 1/4 l süße Sahne
2 Eßlöffel Zucker

3
4
2
1
5

Fruchtsülze

4 Portionen à 375 Kalorien

1/2 Dose Kirschen
1/2 Dose Mandarinen
1/2 Dose Ananas
Saft von 1 Zitrone
1 Glas Weißwein
125 bis 150 g Zucker
16 Blatt weiße Gelatine
2 Pfirsiche, 2 Birnen

Früchte aus den Dosen nehmen, abtropfen lassen. Fruchtsaft, Zitronensaft und Weißwein zusammengießen und mit Wasser bis zu 1 l Flüssigkeit auffüllen. Zucker zufügen und Saft erhitzen, bis sich der Zucker gelöst hat. Gelatine in kaltem Wasser einweichen, ausdrücken, im heißen Saft auflösen und kühl stellen. In eine gut ausgespülte Form einen Teil des noch flüssigen Fruchtsaftes gießen und die Kirschen einlegen. Schicht fest werden lassen und darauf, entlang der Formwand, Mandarinenscheiben setzen. Wieder ca. 1/2 l Fruchtsaft vorsichtig in die Form gießen und fest werden lassen. Als letzte Obstschicht halbierte Ananasscheiben auflegen und die Sülze mit dem restlichen Fruchtsaft abschließen. Nach 3 bis 4 Stunden kann man die Sülze stürzen und mit geschälten, entkernten und entsteinten Früchten umlegen.

Pfirsich-Brombeer-Fruchtsalat

4 Portionen à 270 Kalorien

1/1 Dose Pfirsiche, 500 g Brombeeren, 2 Eßl. Zucker
1 Päckchen Vanillinzucker
Saft von 1 Zitrone
2 Likörgläser Brombeerlikör
1/2 Beutel gehobelte Mandeln

Pfirsiche abtropfen lassen, in dünne Spalten schneiden, 1/8 l Saft mit Zucker und Vanillinzucker aufkochen, erkalten lassen und über die gesäuberten Beeren und die Pfirsiche gießen. Den Salat durchziehen lassen, zuletzt Zitronensaft, Fruchtlikör und die Mandeln untermischen und eventuell in ausgehöhlten Grapefruithälften anrichten. (Foto Seite 41, 4).

Fruchtcocktail mit Beeren

4 Portionen à 170 Kalorien

2 Grapefruits, 1/2 Dose Fruchtcocktail, 250 g frische Himbeeren, 2 Eßl. Zucker
1–2 Likörgläser Weinbrand oder Kirschwasser oder Himbeergeist

Mit einem spitzen Messer die beiden Grapefruits durch Zickzack-Stiche halbieren. Das Fruchtfleisch entfernen und würfeln und den abgetropften Fruchtcocktail und die Beeren zugeben. 1/8 l Saft vom Fruchtcocktail mit dem Zucker aufkochen und erkaltet zu den Früchten geben, Weinbrand zugeben und kalt stellen. Den Fruchtcocktail in den Grapefruithälften anrichten. (Foto Seite 41, 5).

Rhabarbergrütze mit Milch

Rhabarber waschen und in 1 cm lange Stücke schneiden. Mit Wasser aufsetzen, 10 Minuten kochen und durch ein Sieb streichen. Weißwein, Zucker und Vanillinzucker hinzufügen und aufkochen. Sago hineinstreuen und aufquellen lassen, bis er durchsichtig ist und keinen weißen Kern mehr hat. Rhabarbergrütze abschmecken, in eine Glasschale füllen und abkühlen lassen. In tiefe Teller verteilen, mit frischer Milch übergießen. Sie können die Rhabarbergrütze auch mit Speisestärke zubereiten. Für 1 l Saft brauchen Sie dann 60 g Speisestärke.

4 Portionen à 340 Kalorien

500 g Rhabarber
1/4 l Wasser, 1/8 l Weißwein
150 g Zucker
1 Päckchen Vanillinzucker
75 g Sago
etwa 1/2 l frische Milch

Rote Grütze

Beeren waschen, entstielen und mit Wasser und Zucker ca. 5 Minuten kochen. Durch ein Sieb streichen, wieder aufkochen und Sago darin aufquellen lassen oder mit kalt angerührter Speisestärke binden. Grütze in einer kalt ausgespülten Form oder Schälchen erkalten lassen und danach stürzen. Für die Soße: Milch mit Vanillinzucker erhitzen und beides mit angerührter Speisestärke und Eigelb binden. Eiweiß zu steifem Schnee schlagen, Zucker daruntergeben und unter die noch heiße Soße rühren. Erkaltete Soße um die Grütze gießen. Grütze mit frischen Beeren garnieren.

4 Portionen à 360 Kalorien

500 g Johannisbeeren
1/2 l Wasser, 150 g Zucker
100 g Sago oder Speisestärke
Für die Soße: 3/8 l Milch
2 Päckchen Vanillinzucker
1 Teelöffel Speisestärke
2 Eier, 1 Eßlöffel Zucker

Avocado-Fruchtsalat

Orangen schälen und das Fruchtfleisch mit spitzem Messer enthäuten. Saft aus den Resten drücken und mit Zucker, Ingwer und Vanillinzucker 2 Minuten kochen. Abkühlen lassen. Avocados längs bis zum Kern durchschneiden, Hälften voneinander trennen. Fruchtfleisch herauslösen, stehen lassen. Bananen schälen, in Scheiben schneiden und mit dem Fruchtfleisch von Avocados und Orangen mischen. Zuckersirup mit dem Likör mischen und über den Fruchtsalat gießen. In die Avocadohälften füllen.

4 Portionen à 430 Kalorien

3 Orangen, 1 Eßlöffel Zucker
1 Prise Ingwer
1 Päckchen Vanillinzucker
2 Avocados, 2 Bananen
1 Likörglas Orangenlikör

Kirsch-Eisbecher

4 Portionen à 400 Kalorien

500 g frische süße Kirschen
3 Eßlöffel Zucker
1/2 Stange Zimt, 1/3 Tasse Wasser, 2 bis 3 Eßlöffel Johannisbeergelee
1 Likörglas Kirschwasser, Weinbrand oder Rum
1 Haushaltspackung Vanille-Eiscreme
Schokoladenspäne oder -streusel

Kirschen waschen, abtropfen lassen und entsteinen. Mit Zucker, Zimt und 1/3 Tasse Wasser in eine kleine Kasserolle geben und bei schwacher Hitze zum Kochen bringen. 2 bis 3 Minuten im geschlossenen Topf ziehen lassen. Johannisbeergelee darin verrühren und auflösen. Topf ins kalte Wasserbad stellen, Kirschen abkühlen lassen. Danach mit Kirschwasser, Weinbrand oder Rum würzen. Kirschen und Vanille-Eiscreme in 4 Gläser verteilen. Eiscreme dabei mit einem in heißes Wasser getauchten Eßlöffel abstechen. Mit Schokolade garnieren. (Foto rechts, oben links).

Aprikosen „Negus"

4 Portionen à 360 Kalorien

1 kleine Dose Aprikosen
1 Eßlöffel Zucker
1 Päckchen Vanillinzucker
1 Likörglas Apricot Brandy
1/4 l Schlagsahne
1 Paket (250 g) Vanille-Schokoladen-Eiscreme

Aprikosen mit Saft, Zucker und Vanillinzucker aufkochen. Erkalten lassen. Apricot Brandy daruntergeben. Sahne steifschlagen. Von der Vanille-Schokoladen-Eiscreme mit einem in heißes Wasser getauchten Eßlöffel Späne abschaben. In Gläser verteilen. Aprikosen daraufgeben und Aprikosendessert mit geschlagener Sahne garnieren. (Foto rechts, oben rechts).

Rum-Krokant-Eiscreme „Framboise"

4 Portionen à 250 Kalorien

1 Päckchen gefrostete Himbeeren, Saft von 1 Zitrone
1 Teelöffel Kartoffelmehl
2 Likörgläser Himbeergeist oder Kirschwasser
1/2 Päckchen Rum-Krokant-Eiscreme

Himbeeren in einen kleinen Topf geben und erwärmen. Zitronensaft mit Kartoffelmehl verrühren. Himbeeren damit binden und einmal aufkochen lassen. Himbeergeist oder Kirschwasser zugeben. Eiscreme in Kugeln abstechen und in Gläser verteilen. Mit der heißen Soße übergießen. (Foto rechts, unten).

Eis „Surprise"

6 Portionen à 385 Kalorien

Für den Teig:
2 Eiweiß, 2 Eßlöffel Wasser
100 g Zucker
1 Päckchen Vanillinzucker
2 Eigelb, 40 g Mehl
40 g Speisestärke
1/2 gestrichener Teelöffel Backpulver, 1 Familienpackung Fürst-Pückler-Eis
Für das Baiser:
2 Eiweiß, 100 g Zucker
1 Eßlöffel Zitronensaft

Eiweiß und kaltes Wasser sehr steif schlagen, Zucker und Vanillinzucker einrieseln lassen, kurz darunterschlagen und das Eigelb unterziehen. Mehl, Speisestärke und Backpulver mischen, auf die Schaummasse sieben und locker untermischen. Teig auf ein mit gefettetem Pergamentpapier ausgelegtes Blech geben und etwa 7 Minuten bei starker Hitze backen. Den Biskuit stürzen und auskühlen lassen.
Baiser: Eiweiß sehr steif schlagen, Zucker einrieseln lassen und den Zitronensaft unterziehen. Biskuit so um das Eis legen, daß es völlig darin eingebettet ist. Das Ganze auf eine feuerfeste Platte geben und die Baisermasse darüber verteilen. Platte mit dem Eis auf den Grillrost stellen und so lange unter den vorgeheizten Grill setzen, bis das Baiser leicht gebräunt ist.
Grilldauer etwa 2 Minuten.

Tip: *Sie sollten den Biskuit vom Eis „Surprise" möglichst sofort vor Verwendung backen. Falls Sie ihn am Vortag backen, schlagen Sie ihn in Alufolie ein. Er läßt sich dann besser um's Eis legen.*

Eisrolle mit Himbeer-Orangen-Soße

4 Portionen à 390 Kalorien

1 Königsrolle (im Handel erhältlich), 250 g frische Himbeeren
1/2 Tasse Zucker
1/2 Tasse frischer Orangensaft, 1 Teelöffel geschnittene Orangenschale
2–3 Likörgläser Himbeergeist, Kirschwasser oder Weinbrand

Königsrolle auf gekühlter Glasplatte anrichten und wieder ins Tiefkühlfach stellen. Himbeeren durch ein Drahtsieb drücken, Zucker mit Orangensaft und Orangenschale 2–3 Minuten kochen. Himbeermark zugeben und mit Himbeergeist, Kirschwasser oder Weinbrand abschmecken. Königsrolle mit der erkalteten Himbeer-Orangen-Soße umgießen, nach Belieben mit gehobelten Mandeln bestreuen.
Tip: An Stelle von frischen Himbeeren können auch Tiefkühl-Himbeeren oder -Erdbeeren verwendet werden. In diesem Fall reicht 1/4 Tasse Zucker für den Orangensirup, da die Tiefkühlbeeren gesüßt sind.

Gefüllte Eis-Äpfel

4 Portionen à 390 Kalorien

4 mittelgroße Äpfel
1/8 l Wasser, 1/4 l Weißwein
Saft von 1/2 Zitrone
2 Eßlöffel Zucker
2 bis 3 Eßlöffel rote Marmelade oder rotes Gelee
1 Familienpackung Fürst-Pückler-Eiscreme

Äpfel schälen, einen Deckel abschneiden und das Innere aushöhlen. Wasser, Weißwein, Zitronensaft und Zucker aufkochen. Äpfel darin 5 Minuten ziehen, dann in Sirup erkalten lassen. Aus dem Saft heben, gut abtropfen lassen, auf Glasteller legen und in den Kühlschrank stellen. Saft mit der Marmelade oder dem Gelee verrühren und nach Belieben noch mit Rum, Brombeerlikör oder Orangenlikör abschmecken. Äpfel mit Fürst-Pückler-Eiscreme füllen, mit der roten Fruchtsoße umgießen und sofort servieren.

Pfirsich „Noisette"

4 Portionen à 300 Kalorien

4 Eßlöffel Johannisbeergelee
2 Eßlöffel Bienenhonig
2 Eßlöffel Haselnüsse
1 Paket (250 g) Vanille-Eiscreme, 4 Pfirsichhälften aus der Dose

Johannisbeergelee und Bienenhonig miteinander zu einer Soße verrühren. Haselnüsse in einer Pfanne rösten, die braunen Häutchen abreiben und die Nüsse grob zerkleinern. Dessertgläser 10 Minuten vor dem Füllen in den Kühlschrank stellen. Dann die Vanille-Eiscreme mit einem in heißes Wasser getauchten Eßlöffel abstechen und hineingeben. Pfirsiche daraufgeben und mit Soße übergießen. Das Dessert mit den gehackten Nüssen bestreuen.

Cassata

6 Portionen à 340 Kalorien

2 Beutel gehobelte Mandeln
1 Glas Maraschinokirschen
1/2 l süße Sahne, etwa
2 Eßlöffel Puderzucker

Mandeln auf das Backblech streuen und im heißen Backofen hellgelb werden lassen. Maraschinokirschen in Scheiben schneiden. Sahne steifschlagen. 1 Eßlöffel Maraschinosirup (von den Kirschen!) und 2 Eßlöffel Puderzucker dazugeben und noch kurz weiterschlagen. Dann Mandelsplitter und Kirschen daruntermischen und die Sahnecreme in eine Eiswürfelform oder eine kleine Kastenform streichen. Eis etwa 2 Stunden gefrieren lassen. Danach auf Glastellern anrichten.

Meringe-Eisberg

Einen flachen Teller umgekehrt auf Pergamentpapier legen und um den Rand einen Bleistiftstrich ziehen. Eiweiß mit Salz und Zitronensaft steifschlagen und zuletzt vorsichtig den Zucker unterrühren. Eiweißmasse im gezeichneten Kreis auf das Pergamentpapier auftragen, seitlich hoch, die Mittelfläche etwa 1 cm dick. Das Ganze im Backofen bei schwacher Hitze trocknen lassen (3 Stunden bei ca. 80 Grad). Meringeform mit dem Eis ausstreichen. Gezuckerte, mit Weinbrand und Vanillinzucker verfeinerte Beeren dazugeben. (Foto links, oben rechts).

4 Portionen à 340 Kalorien

2 Eiweiß, 1 Prise Salz
einige Tropfen Zitronensaft
2 1/2 Eßlöffel Zucker
1 Paket Vanille-Eiscreme
500 g Johannisbeeren
2 gehäufte Eßlöffel Zucker
1 Päckchen Vanillinzucker
1 Spritzer Weinbrand oder Kirschwasser

Eisdessert „Mitchum"

Je 3 Kugeln Schokolade- oder Nuß-Eiscreme (selbstgemacht oder gekauft) auf kalte Glasteller geben. Mit grünen Blättchen (am besten frischer Pfefferminze) verzieren. Mit zerdrückten Pfefferminz-Pastillen bestreuen. Am Tisch mit Eierlikör umgießen. Frische, knusprige Waffelröllchen zum Eisdessert reichen. (Foto links, oben links).

4 Portionen à 240 Kalorien

12 Kugeln Schokolade- oder Nuß-Eiscreme, ein paar Pfefferminz-Pastillen
4 Likörgläser Eierlikör
8 Waffelröllchen

Pfirsiche mit Vanille-Eiscreme

Pfirsiche in ein Sieb geben, Saft auffangen. Vanille-Eiscreme in Würfel schneiden oder zu Kugeln formen und in eine eiskalte Glasschale geben. In den Kühlschrank stellen. Butter in einer Pfanne erhitzen, Zucker darin schmelzen, 1/2 Tasse Pfirsichsaft dazugießen und etwas einkochen. Pfirsiche mit der Schnittfläche nach unten hineinsetzen und etwa 1 Minute darin dünsten lassen. Rum in eine Suppenkelle gießen, über einer Flamme erwärmen. Rum anzünden und über die Pfirsiche gießen. Abbrennen lassen und dann mit Sahne löschen. Pfirsiche über die Vanille-Eiscreme geben. (Foto links, unten).

4 Portionen à 510 Kalorien

1 große Dose Pfirsiche
1 Paket Vanille-Eiscreme
1 Eßlöffel Butter
2 Eßlöffel Zucker
1/2 Weinglas Rum
3–4 Eßlöffel süße Sahne

Vanille-Eiscreme mit heißer Schokoladensoße

4 Portionen à 540 Kalorien

1 Hauspackung Vanille-Eiscreme, 1/2 Dose Kompottfrüchte (Pfirsiche, Birnen oder Fruchtcocktail)
1/2 Tasse Fruchtsaft
1/2 Tasse Zucker
1 Tafel Schokolade oder 2–3 gehäufte Eßlöffel Kakao

Die Eiscreme mit einem in heißes Wasser getauchten Löffel abstechen und in 4 gut gekühlte Gläser verteilen. Mit Früchten belegen und ins Tiefkühlfach stellen. Fruchtsaft aus der Dose mit Zucker 2–3 Minuten kochen, danach zerkleinerte Schokolade oder Kakao zufügen und durchkochen lassen. Nach Geschmack mit etwas geriebener Orangen- oder Zitronenschale, gewürfeltem, kandiertem Ingwer oder Ingwerpulver abschmecken. Schokoladensoße heiß zur Vanille-Eiscreme servieren. (Foto Seite 53, oben links).

Himbeer-Eiscreme

4 Portionen à 280 Kalorien

375 g Himbeeren
3 Eßlöffel Zucker
1 Eßlöffel Zitronensaft
1/4 l süße Sahne
2 Päckchen Vanillinzucker

Himbeeren verlesen, waschen und abtropfen lassen. Etwa 2/3 der Früchte im Mixer pürieren oder durch ein Sieb streichen. Fruchtbrei mit Zucker und Zitronensaft vermischen, kalt stellen. Sahne steifschlagen. Zuerst Vanillinzucker, dann Himbeerpüree darunterziehen. Creme in die Eiswürfelform füllen, ins Eiswürfelfach oder in die Gefriertruhe stellen und etwa 2 Stunden gefrieren Lassen. Umrühren und noch eine Stunde gefrieren lassen. Mit den zurückgelassenen Früchten und einem Sahnetupfer in Gläsern anrichten. (Foto Seite 53, oben rechts).

Schokoladeneis mit Fruchtsalat

4 Portionen à 335 Kalorien

1 Beutel Schokoladen-Eispulver, 1/4 l süße Sahne
1/2 Dose Fruchtsalat
1 Banane
einige Spritzer Maraschino
1 Beutel gehobelte Mandeln

Schokoladen-Eiscreme aus Eispulver nach Vorschrift zubereiten und im Eiswürfelfach ohne Gitter gefrieren lassen. Fruchtsalat abgießen, Bananenscheiben daruntergeben, mit Maraschino abschmecken. Eis in Stücke schneiden, auf kalten Glastellern anrichten und mit Fruchtsalat und etwas geschlagener Sahne garnieren. Gehobelte Mandeln drüberstreuen. (Foto Seite 53, unten).

Erdbeerbombe

Erdbeer-Eiscreme auf eine gut gekühlte Glasplatte stürzen. Sahne mit Sahnesteif steifschlagen, die Eiscreme damit garnieren, mit gehobelten, leicht in der Röhre gerösteten Mandeln bestreuen und mit Nußgebäck umstellen. Zuletzt mit roten Geleefrüchten garnieren und die Bombe bis zum Servieren nochmals zurück ins Tiefkühlfach stellen. (Foto Seite 52, oben).

8 Portionen à 310 Kalorien

1 Hausbecher Erdbeer-Eiscreme, 1/4 l süße Sahne
1 Päckchen Sahnesteif
1 Beutel gehobelte Mandeln
1 Packung Nußgebäck
rote Geleefrüchte

Flambierte Früchte auf Eis

In einer Pfanne Fett zerlassen, Zucker darin gelb schmelzen. Orangen- und Zitronensaft, Himbeeren und Bananenscheiben zugeben, kurz erhitzen, Rum, Kirschwasser oder Weinbrand zugeben, anzünden und brennend über das auf Tellern angerichtete Eis geben. Dieses Dessert eignet sich besonders als krönender Abschluß eines Sonntagsessens oder festlichen Menüs.

4 Portionen à 425 Kalorien

1 Eßlöffel Butter oder Margarine
2 Eßlöffel Zucker, 1 Orange
1/2 Zitrone, 1 Packung tiefgekühlte Himbeeren
1 Banane, 2 Likörgläser Rum, Kirschwasser oder Weinbrand
1 Packung Fürst-Pückler-Eis

Eisbombe „Haiti" mit Rumsoße

Eiscreme auf eine gut vorgekühlte Glasplatte stürzen, Eiscreme in das Tiefkühlfach zurückstellen, mit Mokkabohnen und Schokoladenhagel garnieren. Sahne mit Sahnesteif schlagen, Vanillinzucker unterrühren und zuletzt vorsichtig den Rum beifügen. Die Soße nach Bedarf nachsüßen und zu der Eiscreme servieren. – Dieses Dessert ist das beste Beispiel für das Motto „Kleine Ursache, große Wirkung": Es ist schnell zubereitet, sieht aber „nach viel mehr aus". (Foto Seite 52, unten).

4 Portionen à 570 Kalorien

1 Hausbecher (Ananas-Vanille-Schokoladen-Eiscreme), je 1 Beutel Mokkabohnen und Schokoladenhagel
1/4 l süße Sahne
1 Päckchen Sahnesteif
1 Päckchen Vanillinzucker
2–3 Likörgläser Rum

Sahne-Tee-Eiscreme

6 Portionen à 300 Kalorien

1/8 l Wasser, 1 gehäufter Eßlöffel schwarzer Tee
2 Blatt Gelatine
100 g Zucker, 3 Eigelb
3/8 l süße Sahne, 1 Likörglas Rum oder Zitronensaft

Wasser in einem kleinen Töpfchen aufkochen, Tee hineinstreuen, zudecken und etwa 3 Minuten ziehen lassen. Inzwischen die Gelatine in kaltes Wasser legen. Zucker und Eigelb in einen kleinen Kochtopf geben, gut verrühren und den Tee durch ein feines Sieb dazugießen. Erwärmen und rühren, bis eine dickliche Creme entstanden ist. Gelatine darin auflösen und dann kalt stellen. Sahne steifschlagen und in die Eigelbcreme rühren, wenn sie zu stocken beginnt. Rum oder Zitronensaft darunterrühren und in eine kalt ausgespülte Eiswürfelform füllen. Sahne-Tee-Eiscreme 2 bis 3 Stunden gefrieren. Dann in Gläser füllen.

Mokka-Vanille-Eiscreme mit Weinbrandmeringen

4 Portionen à 385 Kalorien

1 Haushaltspackung Mokka-Vanille-Eiscreme
2 Meringen, 2 Likörgläser Weinbrand, 2 Teel. Zitronensaft, Maraschinokirschen

Eiscreme in Würfel schneiden und in gut vorgekühlten Gläsern anrichten. Meringen zerbröckeln, mit Weinbrand und Zitronensaft beträufeln, auf die Eiscreme geben und mit kleingeschnittenen Maraschinokirschen garnieren. Nochmals kühl stellen. Dann servieren.

Pfirsiche „Margrit"

4 Portionen à 485 Kalorien

4 reife, feste Pfirsiche
2 Eßlöffel Zucker
2 gehäufte Eßlöffel Kakao
2 Stangen Nougat à 50 g
1 Päckchen Vanille-Eiscreme

Pfirsiche in kochendes Wasser tauchen, abziehen, halbieren und entsteinen. 1/2 Tasse Wasser mit dem Zucker aufkochen, Pfirsiche hineingeben, zugedeckt 2 Minuten dünsten. Herausnehmen und abkühlen lassen. Kakao und Nougat in den Pfirsichsaft geben, gut verrühren, zu einer dicken Creme kochen und abkühlen. 4 Gläser ins Tiefkühlfach stellen. Eiswürfel, 2 gehäufte Eßlöffel Salz und 1/2 l Wasser in eine große Schüssel geben, eine kleinere Schüssel hineinstellen. Eis- und Nougatcreme hineingeben, mit dem Handmixer durchschlagen und mit den Pfirsichen anrichten.

Erdbeeren „Patti“

Erdbeeren waschen und entstielen. In eine Glasschale geben, Puderzucker und Orangensaft hinzufügen und leicht vermischen. Zugedeckt 1 Stunde kalt stellen. Eiscreme mit einem in heißes Wasser getauchten Eßlöffel vom Eisblock abschaben, auf einer gekühlten Glasplatte anrichten und mit den Erdbeeren umgeben. Dessert mit etwas Kirschwasser, Rum oder Weinbrand beträufeln und mit geriebener Schokolade garnieren. Dazu gesüßte Schlagsahne noch extra reichen.

4 Portionen à 330 Kalorien

500 g frische Erdbeeren
1 Eßl. Puderzucker
Saft von 1/2 Orange
1 Haushaltspackung Schokoladen- Vanille- Eiscreme, 2 Likörgläser Kirschwasser, 2 Rippen Schokolade „edelbitter“
1/4 l süße Sahne
1 Päckchen Vanillinzucker

Eiscreme mit Vanilleschaum

Soßenpulver mit Milch und Eigelb verquirlen. Übrige Milch mit Butter aufkochen, Soßenpulver hineinrühren und einmal aufkochen lassen. Eiweiß zu steifem Schnee schlagen und Zucker zum Schluß einrieseln lassen. Heiße Vanillesoße unter den Eischnee ziehen und mit Rum abschmecken. Creme heiß in Gläser füllen, Eiscreme mit einem in heißes Wasser getauchten Eßlöffel abschaben und auf den Vanilleschaum geben. Mit der Schokolade bestreuen.

4 Portionen à 430 Kalorien

1 Beutel Vanillesoße für 1/2 l
1/4 l Milch, 2 Eier
1 Teelöffel Butter, 2 gehäufte Eßlöffel Zucker
1–2 Eßlöffel Rum
Borkenschokolade

Kokos-Eiscreme mit Äpfeln

Sahne sehr steif schlagen, Vanillinzucker, Zucker und Kokosnuß unterrühren. In eine Eiswürfelform füllen und im Tiefkühlfach gefrieren lassen. Äpfel mit Zitronensaft und Zucker dünsten, erkalten lassen und den Fond mit der Fruchtmarmelade verrühren. Eis mit einem in Wasser getauchten Löffel abstechen, mit den Apfelstücken zusammen anrichten und mit der Marmelade garnieren. Das Eis kann in einer durchgesägten und ausgehöhlten Kokosnußschale, aber auch in ausgehöhlten Orangen, Pampelmusen oder Melonen angerichtet werden. Mit Kokosraspel garnieren.

4 Portionen à 485 Kalorien

3/8 l süße Sahne
2 Päckchen Vanillinzucker
1 Eßlöffel Zucker
50 g geriebene Kokosnuß
3 Äpfel, Saft von 1/2 Zitrone
1 Eßlöffel Zucker
1/2 Glas rote Fruchtmarmelade

Überbackene Heidelbeer-Eiscreme

Heidelbeer-Eiscreme auf eine gut gekühlte feuerfeste Platte legen, ins Tiefkühlfach stellen. Eiweiß, Salz und einige Tropfen Essig oder Zitronensaft zu steifem Schnee schlagen, zuletzt den Zucker unterschlagen. Eiscreme mit dem Eischnee ringsum bestreichen oder Schnee in einen Spritzbeutel füllen und aufspritzen. Backröhre auf 250–300 Grad erhitzen. Eis darin 3–4 Minuten goldbraun überbacken. Das überbackene Heidelbeereis mit 2 Eßlöffel Heidelbeeren bestreuen. Dazu eine Rumsoße reichen: Zucker und Wasser in 2–3 Minuten durchkochen, Rum und Heidelbeeren zugeben und kalt stellen. (Foto links, oben rechts).

4 Portionen à 530 Kalorien

1 Haushaltspackung Heidelbeer-Eiscreme
3 Eiweiß, 1 Prise Salz
einige Tropfen Essig oder Zitronensaft
4–5 gehäufte Eßlöffel Zucker
1 kleine Packung tiefgekühlte Heidelbeeren
1/2 Tasse Zucker
1/2 l Wasser
3–4 Likörgläser Rum

Brombeeren „Alaska“

Eiscreme-Kugeln in gekühlte feuerfeste Schale drükken und nochmals kalt stellen. Eiweiß mit Salz zu steifem Schnee schlagen, Zucker gut unterschlagen. Eischnee in einen Spritzbeutel mit Sterntülle füllen. Brombeeren auf das Eis geben, mit Eischnee überspritzen. Im vorgeheizten Grill goldgelb überbacken. Sofort servieren. Schmeckt besonders köstlich, wenn Sie die Brombeeren mit Brombeerlikör am Tisch übergießen. Likör erhitzen, anzünden und schnell über die Früchte gießen. (Foto links, oben links).

4 Portionen à 275 Kalorien

500 g saubere Brombeeren
8 Kugeln Vanille-Eiscreme
2 Eiweiß, 1 Prise Salz
2 gehäufte Eßlöffel Zucker
2 Likörgläser Brombeerlikör

Früchte im Eisring

Vanille-Eiscreme nach Vorschrift zubereiten. In Ringform füllen und gefrieren lassen. Fruchtcocktail abgießen, geschälte, gehackte Mandeln, Zitronensaft und Weinbrand untermischen. Gefrorenes Eis auf kalte Platte stürzen und mit Früchten füllen. Mit Haferflocken, Schokoladenstreuseln und Löffelbiskuits garnieren. (Foto links, unten).

4 Portionen à 330 Kalorien

1 Beutel Vanille-Eiscremepulver, 1/4 l süße Sahne
1/2 Dose Fruchtcocktail
25 g Mandeln, Saft von 1/2 Zitrone, 1 Likörglas Weinbrand. Für die Garnitur: Haferflocken, Schokoladenstreusel, Löffelbiskuits

Erdbeer-Vanille-Eiscreme mit Ananassoße

4 Portionen à 360 Kalorien

1 Haushaltspackung Erdbeer-Vanille-Eiscreme
1/2 Dose Ananasstücke
1 Eßlöffel Zitronensaft
2 Teelöffel Speisestärke
2 Likörgläser Grand Marnier oder Rum
Maraschinokirschen

Ananas abtropfen lassen, Saft mit Zitronensaft und Speisestärke unter Rühren aufkochen, kaltrühren. Grand Marnier oder Rum beifügen. Ananasstücke ebenfalls hinzugeben. In Gläser verteilen, kühl stellen. Darauf die Eiscremestücke geben, mit gewürfelten Maraschinokirschen hübsch garnieren. Wer mag, gibt noch einen Klecks gesüßte Schlagsahne darüber.

Baked-Alaska „Kirsch"

4 Portionen à 330 Kalorien

1 Hausbecher Kirsch-Eiscreme, 2 Eiweiß, 1 Prise Salz, etwas Zitronensaft
3–4 gehäufte Eßlöffel Zucker
Maraschinokirschen

Kirsch-Eiscreme auf eine gekühlte Platte oder auf einen kalten Teller stürzen und in die Tiefkühltruhe stellen. Das sauber abgelassene Eiweiß in fettfreiem Gefäß mit Salz und Zitronensaft zu steifem Schnee schlagen, zuletzt den Zucker kurz unterrühren. Die Eiscreme mit dem Eischnee ringsum bespritzen, in der auf 250–300 Grad vorgeheizten Röhre etwa 3–4 Minuten überbacken. Das Baked-Alaska zuletzt mit Maraschinokirschen garnieren und nach Belieben mit etwas Kirschlikör oder Kirschwasser beträufeln.

Heidelbeer-Eiscreme mit Karamelsoße

4 Portionen à 310 Kalorien

1 Haushaltspackung Heidelbeer-Eiscreme
2 gehäufte Eßlöffel Zucker
4 Eßlöffel Wasser
1/2 Eßlöffel Zitronensaft
2 Eßlöffel gehackte Haselnüsse

Heidelbeer-Eiscreme in Scheiben schneiden, auf einer gut vorgekühlten Platte anrichten und ins Tiefkühlfach stellen. Zucker zu hellem Karamel erhitzen, mit Wasser und Zitronensaft ablöschen, verkochen und die gehackten Haselnüsse zugeben. Diese Soße heiß oder kalt über die Heidelbeer-Eiscreme geben. Dazu schmeckt knuspriges Haselnußgebäck besonders gut.

Eissoufflés

Eigelb mit Milch und Zucker über Wasserdampf schaumig schlagen und kaltrühren. Sahne steifschlagen und unter die erkaltete Eismasse heben. Creme in drei Teile trennen, jeden Teil verschieden abschmecken: Mit zerkleinerten, gerösteten Haselnüssen und etwas Weinbrand; mit Aprikosenmarmelade und etwas Apricot Brandy; mit zerlassener Schokolade. Kleine Förmchen mit einem Pergamentpapierrand versehen, die Schaummassen einfüllen und im Tiefkühlfach gefrieren lassen. Papierrand entfernen und die Soufflés verschieden garnieren: Mit zerlassener Schokolade und Kirsche; mit Himbeermarmelade und Kirsche; mit Aprikosenmarmelade und Kirsche.

4 Portionen à 360 Kalorien

3 Eigelb, 3 Eßlöffel Zucker
1/4 l süße Sahne
1 Eßlöffel Haselnüsse
1 Teelöffel Weinbrand
1 Eßlöffel Aprikosenmarmelade
1 Spritzer Apricot Brandy
1/4 Tafel Schokolade
Garnierkirschen
Himbeermarmelade

Vanilleeis mit heißer Ingwer-Schokoladensoße

Eigelb, Salz und Zucker in einer Schüssel schaumig rühren. Vanilleschote längs halbieren, mit der Milch aufkochen und die Schote wieder entfernen. Vom Feuer nehmen und in die Eigelbcreme rühren. In den Topf zurückschütten und mit einem flachen Holzspatel ständig rühren. Etwa 3 Minuten erhitzen – nicht kochen – bis die Masse dicklich wird. Den Topf zugedeckt in ein kaltes Wasserbad stellen. Sahne cremig schlagen und vorsichtig unter die kalte Vanillecreme heben. Creme in die Eisrührmaschine füllen und unter ständigem Rühren gefrieren. Für die Ingwer-Schokoladensoße: Grob zerkleinerte Kuvertüre, Wasser und Sahne in eine Schüssel geben. Im heißen Wasserbad erhitzen bis die Kuvertüre schmilzt. Ingwer und Ingwersirup dazurühren. Soße heiß zum Eis servieren. Tip: Falls Sie keine Eisrührmaschine haben, können Sie die Creme-Masse auch in einer Plastikschüssel ins Gefrierfach stellen. Nur müssen Sie die Creme dann hin und wieder einmal umrühren.

10 Portionen à 440 Kalorien

8 Eigelb, 1 Prise Salz
200 g Zucker
1 Vanilleschote, 1 l Milch
1/4 l süße Sahne
Für die Ingwer-Schokoladensoße:
200 g dunkle Kuvertüre
1/8 l Wasser, 1/8 l süße Sahne, 1 Eßlöffel feingewürfelter Ingwer in Sirup
1 Eßlöffel Ingwersirup

Fürst-Pückler-Eisbombe

8 Portionen à 630 Kalorien

1 l süße Sahne, 4 Scheiben Ananas, 2 gehäufte Eßlöffel Zucker, 150 g Kuvertüre (Kochschokolade)
1/3 Glas Erdbeer-Konfitüre
1 Eßlöffel Pistazien
125 g Puderzucker
3 Päckchen Sahnesteif

Sahne kalt stellen. Ananas fein mixen oder hacken, mit Zucker 5 Minuten kochen und kalt stellen. Kuvertüre im Wasserbad zerlassen. Pistazien abziehen und grob hacken. Gut gekühlte Sahne mit Sahnesteif sahnig schlagen, mit Puderzucker steifschlagen. In 3 Schüsseln verteilen. Abgekühlte flüssige Kuvertüre, Ananasmark mit Pistazien und Erdbeer-Konfitüre in je eine Schüssel mit Sahne geben, unter die Sahne heben. Gut gekühlte Eisbomben-Form zuerst mit Schokoladensahne ausstreichen, dann Erdbeersahne, zuletzt Ananassahne einfüllen. Form verschließen, für 4 Stunden in die Tiefkühltruhe stellen. Bombe in heißes Wasser tauchen, auf eine Platte stürzen und mit Sahne garnieren.

Tip: *Falls Sie keine Eisbomben-Form haben, können Sie die Fürst-Pückler-Eisbombe auch in einer Plastikschüssel machen, die Sie oben mit einer Folie abdecken. Keine Glasschüssel nehmen, die nimmt Ihnen das Tiefgefrieren übel.*

Nuß-Eisbombe mit Grand-Marnier-Soße

4 Portionen à 550 Kalorien

1 Hausbecher Nuß-Eiscreme
Nußgebäck, 1/4 l süße Sahne
1 Päckchen Vanillinzucker
1 Beutel Sahnesteif
1 Orange, 2 Eier
1 Eßlöffel Zucker
2–3 Likörgläser Grand Marnier

Eisbombe aus dem Hausbecher auf eine gut gekühlte Glasplatte stürzen, mit Nußgebäck und der mit Vanillinzucker und dem Steifmittel geschlagenen Sahne garnieren und mit Orangenwürfeln belegen. Eiweiß zu steifem Schnee schlagen. Eigelb, restliche Sahne, Zukker und Grand Marnier unterrühren. Diese Soße zur Eisbombe reichen.
Tip: Statt Grand Marnier können Cointreau, Curaçao, Weinbrand oder Rum ebensogut zum Abschmecken der Soße verwendet werden.

Gebackener Pistazien-Eisring

4 Portionen à 530 Kalorien

50 g Pistazien
50 g Mandeln, 1/2 l süße Sahne, 2 Eßlöffel Zucker
2 Eßlöffel Honig
1 Päckchen Vanillinzucker
4 Eßlöffel Weinbrand
3 Eier, 2 Eßlöffel Zucker
1 Eßlöffel rote Fruchtmarmelade

Pistazien und Mandeln fein reiben. Sahne schlagen, Zucker, Honig, Vanillinzucker, Weinbrand, Eigelb, Pistazien und Mandeln unterrühren. In eine Ringform füllen und im Tiefkühlfach gefrieren lassen. Kurz vor dem Servieren auf eine kalte Platte stürzen und von allen Seiten gut mit sehr steifem, gesüßtem Schnee bestreichen. Marmelade darübergeben und kurz unterm Grill überbacken. (Foto Seite 65, oben).

Himbeer-Sorbet

4 Portionen à 235 Kalorien

1/4 l Wasser, 100 g Zucker
1 Zitrone, 375 g Himbeeren
1 Teelöffel Himbeergeist
1/8 l süße Sahne

Wasser mit Zucker und Schale von 1 Zitrone 5 Minuten kochen. Durchseihen. Gewaschene Himbeeren durchpassieren. Mit Himbeergeist unter den erkalteten Sirup mischen. 8 Stunden im Tiefkühlfach frosten. Eiswürfel, Wasser und 2 bis 3 Eßlöffel Salz in eine Schüssel geben, die Schüssel mit gestoßener Sorbet-Masse hineinstellen und mit geschlagener Sahne verrühren. Nochmals für 1-2 Stunden ins Gefrierfach stellen und dann in gut gekühlten Stielgläsern servieren. (Foto Seite 64, oben links).

Bananeneis-Omelett

6 Portionen à 320 Kalorien

3 Eiweiß, 1 Teelöffel Zitronensaft, 75 g Zucker
3 Bananen, 10 Löffelbiskuits
1 Familienpackung Vanille-Eiscreme
2 Eßlöffel Aprikosen-Konfitüre, Schokolade

Eiweiß mit Zitronensaft zu steifem Schnee schlagen, 25 g Zucker unterschlagen. Zuckerrest locker unterheben. In Pfanne oder feuerfeste Form Löffelbiskuits legen, darauf Bananenscheiben. Eis in 6 Teile schneiden und auf die Bananenscheiben legen. Mit Eischnee bedecken, eventuell mit Spritzbeutel aufspritzen. 4 cm lange Bananenstücke hineinstellen, mit Schokoladenstückchen garnieren und unter dem Grill goldgelb überbacken. Bananen danach mit Aprikosen-Konfitüre bestreichen und sofort servieren. (Foto Seite 65, unten).

Zitronen-Sorbet

4 Portionen à 190 Kalorien

1/4 l Wasser, 1/4 l Weißwein
125 g Zucker
Saft von 4–5 Zitronen
2 Eiweiß, 1 Prise Salz

Wasser, Weißwein und Zucker aufkochen und bei schwacher Hitze 10 Minuten weiterkochen. Zitronensaft dazugießen, kalt werden lassen. Für 8–10 Stunden ins Tiefkühlfach stellen. Danach 2 sauber vom Eigelb getrennte Eiweiß mit 1 Prise Salz zu steifem Schnee schlagen. Zitronenmasse gut darunterschlagen und das Sorbet noch einmal 1 Stunde oder länger ins Tiefkühlfach stellen. Sorbet in kalten Gläsern servieren. (Foto Seite 64, oben links und letzte Umschlagseite).

Orangen-Sorbet

4 Portionen à 190 Kalorien

1/2 l frisch gepreßter Orangensaft, 125 g Zucker
Saft von 1 Zitrone, 1 Eiweiß

Orangensaft, Schale von 1 Orange mit Zucker und Zitronensaft 10 Minuten kochen. Kalt stellen. 8 Stunden im Tiefkühlfach frosten. Eiweiß zu Schnee schlagen. Eiswürfel, Wasser und 2–3 Eßlöffel Salz in eine Schüssel geben. Sorbet-Masse in einer zweiten Schüssel hineinstellen, mit dem Eiweißschnee schaumig schlagen. 1–2 Stunden kalt stellen und in gekühlten Gläsern servieren. (Foto Seite 64, oben rechts).

Johannisbeer-Sorbet

4 Portionen à 170 Kalorien

125 g Zucker, 1/4 l Wasser
375 g Johannisbeeren
Saft von 1/4 Zitrone
1 Eiweiß

Zucker und Wasser 5 Minuten kochen, kalt stellen. Inzwischen die Johannisbeeren waschen, entstielen, durch ein Sieb streichen. Den kalten Zuckersirup mit dem Früchtepüree vermischen, in eine Eiswürfelform mit Gitter geben und im Eiswürfelfach 2 bis 3 Stunden gefrieren. Eiweiß ganz steif schlagen, die fein zerstoßenen Fruchtsaftwürfel und den Zitronensaft daruntermischen. Mit dem Schneebesen oder einem Handmixer schlagen, bis die Eiscreme ganz schaumig ist. Sofort anrichten oder noch einmal für etwa 1/2 Stunde gefrieren lassen. Für die Portionen mit einem Eßlöffel Eisklöße abstechen. (Foto Seite 64, unten).

Vanillesoße

4 Portionen à 180 Kalorien

1/2 l Milch
1 Päckchen Vanillinzucker
1 Vanillestange
2 Eßlöffel Zucker, 2 Eier
2 gestrichene Eßlöffel Speisestärke

Milch mit Vanillinzucker, Zucker und einer aufgeschlitzten Vanillestange aufkochen. Vanillestange herausnehmen. Eigelb und Speisestärke mit etwas kalter Milch verrühren. Zur Milch geben und unter Rühren einmal aufkochen. Zuletzt steifen Eischnee unter die noch heiße Vanillesoße schlagen und kalt stellen.

Eirahmsoße

4 Portionen à 125 Kalorien

1/8 l süße Sahne, 1 Teel. Sahnesteif, 1 Päckchen Vanillinzucker, 2–3 Likörgläser Eierlikör oder 1 Eigelb und 2 Likörgläser Weinbrand

Sahne kurz schlagen, Sahnesteif und Vanillinzucker zugeben und halbsteif schlagen. Eierlikör oder Eigelb und Weinbrand daruntermischen. Soße recht kalt servieren. Sie paßt zu allen Eiscreme-Desserts.

Karamelsoße

4 Portionen à 100 Kalorien

100 g Zucker, 1/2 l Wasser

Zucker mit 3 Eßlöffel Wasser schmelzen, goldbraun werden lassen, vom Feuer nehmen und vorsichtig nach und nach das Wasser zugießen. Die Soße um die Hälfte einkochen lassen und kalt oder heiß servieren. Diese Soße paßt zu allen Eiscremes, -torten und -bomben außer zu Johannisbeereis.

Heiße Ingwer-Schokoladen-Soße

4 Portionen à 260 Kalorien

3/4 Tasse Zucker, 1 Tasse Wasser, 1 Tafel Schokolade 1 Eßl. Kakao, 1 Päckchen Vanillinzucker, 1 Löffelspitze Zimt, 1/3 Teelöffel gemahlener Ingwer

Zucker, Wasser, in Stücke geschnittene Schokolade, Kakao, Vanillinzucker, Zimt und Ingwer in einem Topf verrühren und 5 Minuten kochen lassen. Die heiße Soße kann zu allen Eiscremes serviert werden.

Heiße Sauerkirschsoße

Saft von den Sauerkirschen abgießen, mit Zucker aufkochen und die mit etwas kaltem Wasser angerührte Speisestärke untermischen. Soße kurz aufkochen lassen, vor dem Servieren Kirschwasser und Kirschen beifügen. Paßt zu folgenden Eiscremes: Vanille, Fürst Pückler, Johannisbeer-Vanille, Eistorten, Eisbomben.

4 Portionen à 115 Kalorien

1/2 Dose Sauerkirschen
1–2 Eßlöffel Zucker
1–2 Teelöffel Speisestärke
2 Likörgläser Kirschwasser

Heiße Hagebuttensoße

Weißwein mit Zucker aufkochen. Hagebuttenmark einrühren, kurz durchkochen lassen, Zitronensaft und Rum zugeben und heiß zu Vanille-Schokoladen-Eis reichen. Diese Soße hat einen sehr aparten Geschmack.

4 Portionen à 135 Kalorien

1/8 l Weißwein
2 Eßlöffel Zucker
1/2 Glas Hagebuttenmark
Saft von 1/4 Zitrone
1–2 Likörgläser Rum

Zitronensoße

Sahnesteif mit Vanillinzucker und Zucker in einem Topf vermischen. Milch und Eigelb zugeben und unter ständigem Rühren erhitzen. Abgeriebene Zitronenschale und den steifen Eischnee unter die heiße Soße geben, kalt servieren. Diese Soße paßt zu folgenden Eiscremes: Vanille, Fürst Pückler, Johannisbeer-Vanille, zu Eistorten und Eisbomben.

4 Portionen à 80 Kalorien

3 gehäufte Teelöffel Sahnesteif
1 Päckchen Vanillinzucker
2 Teelöffel Zucker
1 Tasse Milch, 1 Ei
abgeriebene Schale von 2 Zitronen

Himbeersoße

Himbeeren, Bananen, Säfte und Vanillinzucker im Mixer pürieren. Zuletzt mit Zucker und Brombeerlikör abschmecken. Diese Soße paßt zu folgenden Eiscremes: Vanille, Fürst Pückler, Johannisbeer-Vanille, Rum-Trüffel, Vanille-Schokoladen, Eistorten und Eisbomben jeder Art.

4 Portionen à 140 Kalorien

250 g frische Himbeeren
2 Bananen, Saft von 1/2 Zitrone
Saft von 1 Orange
1 Päckchen Vanillinzucker
Zucker, 1–2 Likörgläser Brombeerlikör

Aprikosensoße

4 Portionen à 160 Kalorien

1/8 l Weißwein
1–2 Eßlöffel Zucker
1/2 Glas Aprikosen-Konfitüre, Saft von 1/2 Zitrone, 1–2 Likörgläser Weinbrand oder Rum

Weißwein, Zucker, Aprikosen-Konfitüre und Zitronensaft in 1–2 Minuten kochen, abkühlen lassen und Weinbrand oder Rum unterrühren. Diese Soße kann auch heiß gereicht werden. Sie paßt zu: Vanille, Fürst Pückler, Johannisbeer-Vanille, Haselnuß-Mokka-Vanille, Rum-Trüffel, Vanille-Schokolade, Eisbomben.

Weinschaumsoße

8 Portionen à 120 Kalorien

2 ganze Eier, 2 Eigelb
3/4 Tasse Zucker
1 Päckchen Vanillinzucker
abgeriebene Schale und Saft von 1 Zitrone
1 gestrichener Eßlöffel Speisestärke, 1/4 l Weißwein

Eier, Eigelb, Zucker, Vanillinzucker, Zitronenschale und Speisestärke in eine feuerfeste Schüssel geben. Mit dem Schneebesen des Handmixers schlagen, bis die Creme weißschaumig ist. Weißwein dazugeben, kurz weiterrühren. Zitronensaft dazugeben, weiterrühren. Schüssel ins kochende Wasserbad stellen, weiterrühren. Die Soße ist fertig, wenn sie feinschaumig ist und schwer am Schneebesen hängt.

Nuß-Joghurt-Soße

4 Portionen à 160 Kalorien

25 g Haselnüsse, 2 Becher Joghurt, 2 Eßlöffel Honig
2 Likörgläser Eierlikör

Haselnüsse in den heißen Backofen geben und kurz rösten. Die Häute abreiben und die weißen Nüsse mahlen oder im Mixer zerkleinern. Joghurt mit Honig und Eierlikör verrühren, die Nüsse daruntermischen.

Marzipansoße

4 Portionen à 210 Kalorien

75 g geschälte Mandeln
1/4 l Milch, 1 Banane
1 Eßl. Zucker, 1 Päckchen Vanillinzucker, 1 Likörglas Maraschino oder Rum

Mandeln im Mixer fein zerkleinern. Milch, geschälte Banane, Zucker, Vanillinzucker und Maraschino oder Rum dazugeben und kurz weitermixen, bis die Soße gebunden ist. Kalt servieren.

Johannisbeersoße

Johannisbeergelee und Pfirsichsaft aufkochen. Speisestärke mit Orangenlikör verquirlen, dazurühren und aufkochen. Die Soße kann heiß oder kalt zu allen Eisdesserts serviert werden und schmeckt auch gut zu süßen Hauptgerichten.

4 Portionen à 140 Kalorien

1/2 Glas Johannisbeergelee
1/2 l Pfirsichsaft
1 Teelöffel Speisestärke
2 Likörgläser Orangenlikör

Teesoße

Milch und die längs aufgeschlitzte Vanillestange aufkochen. Speisestärke mit Orangensaft verquirlen. Zur Milch geben und aufkochen. Zucker, Nestea und Rum dazugeben und verrühren. Kalt stellen. Sahne steifschlagen und unter die kalte Soße heben. Die Teesoße schmeckt zu allen warmen Puddings von Seite 131.

8 Portionen à 140 Kalorien

1/4 l Milch, 1 Vanillestange
1 gehäufter Eßlöffel Speisestärke, etwas Orangensaft
2 Eßlöffel Zucker
1 gehäufter Teelöffel Nestea
1–2 Likörgläser Rum
1/4 l süße Sahne

Rosinensoße

Weißwein mit Zucker und den gewaschenen Rosinen aufkochen. Mit der kalt angerührten Speisestärke binden. Orangen- und Zitronensaft unter die nur noch warme Soße rühren. Schmeckt besonders gut zu Apfel-Reis-Pudding (Rezept Seite 131).

4 Portionen à 125 Kalorien

1/8 l Weißwein, 1 Eßlöffel Zucker, 100 g Rosinen
1/2 Teel. Speisestärke, Saft von 1 Orange und 1 Zitrone

Backobstsoße

Backobst mit Weißwein, Wasser, Nelken, Zimt, Ingwer und Zucker über Nacht einweichen. Alles bei schwacher Hitze 30 Minuten kochen. Speisestärke mit Zitronensaft und Calvados anrühren. Zum Backobst rühren und einmal aufkochen lassen. Diese Soße paßt zu allen warmen Puddings von Seite 131.

6 Portionen à 105 Kalorien

1 Päcken Backobst
1/4 l Weißwein, 1/4 l Wasser
4 Nelken, 1 Stück Zimt
etwas Ingwer, 2 Eßl. Zucker
1 Teel. Speisestärke
Saft von 1 Zitrone
2 Likörgläser Calvados

Vanillemilch

4 Portionen à 175 Kalorien

2 Eier, 1 gehäufter Eßlöffel Zucker, 2 Päckchen Vanillinzucker, fein abgeriebene Schale von 1/2 Zitrone
gut 1/2 l Milch

Eier, Zucker, Vanillinzucker und Zitronenschale in eine hohe Rührschüssel geben und mit dem Schneebesen schaumig schlagen. Die gut gekühlte Milch dazugießen, dabei weiterschlagen. Milch in Gläser geben. Nach Belieben nochmal kalt stellen und servieren.

Schokoladenmilch

4 Portionen à 200 Kalorien

1/2 Tasse Zucker
2 gehäufte Eßlöffel Kakao
1 Teelöffel Pulverkaffee
3/4 l Milch

Zucker, Kakao und etwa 1/2 Tasse Wasser in einen kleinen Topf geben, umrühren und etwa 5 Minuten leicht aufkochen lassen. Pulverkaffee hineinrühren, abkühlen lassen. Milch unter ständigem Rühren dazugießen. Schokoladenmilch kann heiß oder gut gekühlt getrunken werden.

Mokkamilch

4 Portionen à 175 Kalorien

3 Kugeln Schokoladen-Eiscreme, 3 gehäufte Teelöffel Pulverkaffee
1 gehäufter Eßlöffel Zucker
etwa 3/4 l Milch

Schokoladen-Eiscreme, Pulverkaffee, Zucker und Milch in eine hohe, schmale Schüssel geben. Mit dem Schneebesen des Handmixers alles kurz miteinander vermischen. Danach in 4 gut gekühlte Gläser verteilen und die Erfrischung sofort servieren.

Wodka-Kaffee-Milch

4 Portionen à 190 Kalorien

2 Teelöffel Pulverkaffee
4 Teelöffel Traubenzucker
1/2 Teelöffel Zimt
etwas Vanillinzucker
4 Gläser Milch
8 Likörgläser Wodka

Pulverkaffee, Traubenzucker, Zimt, Vanillinzucker und Milch in einem Mixer gut miteinander mischen. Wodka druntermischen. Kalt stellen. In 4 gut gekühlte Gläser verteilen und jedes Glas mit etwas dünn abgeschälter Zitronenschale garnieren.

Maraschinomilch

Milch mit Maraschino oder Kirschlikör und Zucker gut verrühren. Kalt stellen. Danach in 4 hohe Bechergläser gießen. Je eine Kugel Vanille-Eiscreme hineinlegen. Mit Strohhalmen servieren. Ein spritziger Drink für ganz heiße Sommertage.

4 Portionen à 250 Kalorien

etwa 3/4 l Milch
3 Likörgläser Maraschino oder Kirschlikör
1 gehäufter Eßlöffel Zucker
4 Kugeln Vanille-Eiscreme

Karamelmilch

2 gehäufte Eßlöffel Zucker und 1 Eßlöffel Wasser zu goldbraunem Karamel kochen. 1/2 Tasse Wasser dazugießen und den Karamel damit auflösen. 2 gehäufte Eßlöffel Zucker hineinstreuen, abkühlen lassen. Milch darin verrühren. Dann in 4 Gläser gießen und Erdbeer-Eiscreme hineingeben.

4 Portionen à 265 Kalorien

4 gehäufte Eßlöffel Zucker
1 l Milch, 4 Kugeln Erdbeer-Eiscreme

Orangenmilch

Milch, Orangensaft und Grand Marnier gut miteinander vermischen. Nach Geschmack Zucker dazugeben. Für 1/2 Stunde in den Kühlschrank geben. In 4 Gläser verteilen und mit ungeschälten, halbierten Orangenscheiben und je 1 Cocktailkirsche garnieren.

4 Portionen à 150 Kalorien

2 Gläser Milch, 2 Gläser Orangensaft, 2 Likörgläser Grand Marnier, etwas Zucker, 4 Cocktailkirschen

Pfirsichmilch

Pfirsiche in heißes Wasser tauchen, abziehen, vierteln. Pfirsichstücke mit Zitronensaft, Traubenzucker, Rum und Milch im Mixer mischen. Milch in 4 Gläser verteilen. Gläser mit je einem Zitronenschnitz garnieren. Auch Kinder mögen Pfirsichmilch sehr gern: Sie bekommen dann allerdings keinen Rum hinein.

4 Portionen à 70 Kalorien

2 reife Pfirsiche, Saft von 1 Zitrone, 4 Teelöffel Traubenzucker
8 Likörgläser Rum
3/4 l Milch

Milch-Soda

8 Portionen à 275 Kalorien

1 l Milch, 1 Paket Früchte-Eiscreme, 1 kleine Dose Früchtecocktail oder dieselbe Menge beliebige Kompottfrüchte, etwa 1 Flasche Zitronenlimonade

Gläser bis zur Hälfte mit Milch füllen. Früchte-Eiscreme in 8 Scheiben schneiden und in die Milch geben. Darauf die Früchte verteilen und noch so viel Zitronenlimonade dazugießen, daß die Gläser bis zum Rand gefüllt sind. Gut gekühlt servieren.

Eiscreme-Soda

4 Portionen à 315 Kalorien

4 Gläser Milch, 8 Likörgläser Cherry Brandy
4 Kugeln Erdbeer- oder Himbeereis, etwas Mineralwasser, 2 ungeschälte Orangenscheiben

Milch mit Cherry Brandy verrühren. In hohe Gläser füllen. Je 1 Kugel Erdbeer- oder Himbeereis hineingeben. Mit etwas Mineralwasser auffüllen. Je 1/2 ungeschälte Orangenscheibe an die Gläser stecken. Den Drink mit je zwei Strohhalmen servieren. Das sieht lustig aus und ist praktisch, falls einer der Strohhalme einen Knick bekommt.

Heidelbeer-Ice-Cream-Soda

4 Portionen à 210 Kalorien

12 Kugeln Heidelbeer-Vanille-Eiscreme
4 Likörgläser Apricot Brandy, Saft von 1 Zitrone
süßes Mineralwasser
Pfefferminzblätter

Je 3 Kugeln Heidelbeer-Vanille-Eiscreme in 4 gut gekühlte Gläser verteilen. In jedes Glas 1 Likörglas Apricot Brandy und etwas Zitronensaft geben. Mit süßem Mineralwasser auffüllen. Pfefferminzblättchen zum Garnieren verwenden. Falls Sie keine Pfefferminzblättchen zur Hand haben, aber den Geschmack lieben: Zerdrücken Sie Pfefferminzpastillen und streuen Sie die Krümel darüber.

Orangen-Ice-Drink

4 Portionen à 350 Kalorien

1/2 l Milch, 2 Päckchen Sahnesteif, 2 Eigelb
Saft von 4 Orangen
4 Eßlöffel Zucker, 8 Kugeln Nuß-Vanille-Eiscreme

Milch mit Sahnesteif, Eigelb, Orangensaft und Zucker im Mixer gut durchschlagen. In 4 Gläser geben und dazu je 2 Kugeln Nuß-Vanille-Eiscreme beifügen. Nach Belieben mit etwa 2 Eßlöffel Grand Marnier verfeinern. Das gibt dem Drink das „gewisse Etwas“.

Vanille-Schoko-Ice-Drink

Milch mit Vanillinzucker und Zucker gut verrühren. In Gläser geben, je 2 Kugeln Vanille-Eiscreme beifügen und die geschlagene, eventuell mit Schokoladenpulver vermischte Sahne aufspritzen. Nach Belieben etwas Kirschwasser oder Maraschino darüberträufeln und vielleicht mit Schokoladen-Mokkabohnen garnieren. (Foto auf der letzten Umschlagseite).

4 Portionen à 500 Kalorien

3/4 l Milch
2 Päckchen Vanillinzucker
4 Eßlöffel Zucker
8 Kugeln Vanille-Eiscreme
1/4 l süße Sahne, 6 gehäufte Teelöffel Schokoladenpulver

Ice-Drink „Florida"

Je 3 Eiskugeln in 4 hohe Gläser verteilen. Je 1 Likörglas Grand Marnier oder Kirschlikör und Orangensaft beifügen und mit eiskaltem Sekt auffüllen. Nach Wunsch mit Puderzucker oder aber sehr flüssigem Bienenhonig nachsüßen.

4 Portionen à 350 Kalorien

12 Kugeln Kirsch-Vanille-Eiscreme, 4 Likörgläser Grand Marnier oder Kirschlikör
Saft von 2 Orangen, Sekt

Rum-Schokoladen-Ice-Drink

Milch mit Schokoladenpulver und Rum im Mixer gut durchschlagen. In 4 Gläser geben. Je 1 Stück Vanille-Eiscreme beifügen und gehobelte, geröstete Mandeln darüberstreuen. Mit Maraschinokirschen garnieren.

4 Portionen à 400 Kalorien

3/4 l Milch, 6 Eßlöffel Schokoladenpulver
4 Likörgläser Rum
1 Packung Vanille-Eiscreme
2 Eßl. gehobelte Mandeln

Himbeer-Ice-Drink

Milch mit Zitronensaft, Sahnesteif, Himbeeren, Zucker, Kirschwasser oder Himbeergeist im Mixer gut durchschlagen. In 4 Gläser geben und je 2 Kugeln Vanille-Eiscreme beifügen. Jeden Drink mit einer Himbeere garnieren und servieren. Dazu Gebäck reichen. (Foto auf der letzten Umschlagseite).

4 Portionen à 370 Kalorien

3/4 l Milch, Saft von 1 Zitrone
1 Päckchen Sahnesteif
125 g Himbeeren, 4–6 Eßl. Zucker, 2 Likörgläser Kirschwasser oder Himbeergeist, 8 Kugeln Vanilleeis

Ice-Cream-Frappé

4 Portionen à 500 Kalorien

3/4 l Milch, 4 Eßlöffel Honig
4 Likörgläser Rum
4 Kugeln Vanille-Eiscreme
1/4 l süße Sahne
2 Päckchen Vanillinzucker
8 gehäufte Teel. Schokoladenpulver, 8 Teel. Wasser

Milch mit Honig, Rum und Vanille-Eiscreme im Mixer gut durchschlagen und in 4 Gläser geben. Sahne mit Vanillinzucker steifschlagen und die Gläser damit garnieren. Schokoladenpulver und Wasser unter Rühren einmal aufkochen, den Sirup kaltrühren und den Ice-Cream-Frappé zuletzt mit Schokoladesirup beträufeln.

Mandel-Schoko-Frappé

4 Portionen à 325 Kalorien

3/4 l Milch
2 Päckchen Sahnesteif
4 Kugeln Vanille-Eiscreme
8 gehäufte Teelöffel Schokoladenpulver
2 Beutel gehobelte Mandeln
nach Belieben etwas Rum oder Kirschwasser

Milch mit Sahnesteif, Vanille-Eiscreme und Schokoladenpulver im Mixer gut durchschlagen. Zuletzt 1 Beutel gehobelte Mandeln beifügen, den Mandel-Schoko-Frappé in 4 Gläser verteilen. Mit gerösteten Mandeln garnieren, mit Alkohol beträufeln, mit Orangenscheiben und Maraschinokirschen garnieren.

Johannisbeerjoghurt

4 Portionen à 140 Kalorien

125 g rote Johannisbeeren
2 Eßlöffel Zucker
1 Likörglas Rum oder Weinbrand, 3 Becher Trinkmilch-Joghurt

Johannisbeeren waschen, entstielen und im Mixer pürieren. Zucker, Rum oder Weinbrand und Joghurt hinzufügen, kurz weitermixen, in die Gläser gießen und sofort servieren.

Heidelbeerjoghurt

4 Portionen à 130 Kalorien

1 Paket tiefgekühlte Heidelbeeren (125 g)
1 Banane, 1 Eßlöffel Zucker
4 Becher Joghurt

Heidelbeeren auftauen lassen, im Mixer pürieren. Die geschälte Banane und Zucker hinzufügen und kurz weitermixen, bis das Früchtepüree glatt ist. Joghurt dazugießen. Heidelbeerjoghurt sofort in Gläser füllen und servieren.

Käsecreme mit Schokoladenwürfeln

Frischkäse mit Zucker, Eigelb, Mandarinensaft und der Sahne glattrühren. Gelatine im Wasserbad mit einigen Löffeln Mandarinensaft auflösen, unter die Creme geben. Mit einer Lochtülle in Gläser spritzen und reichlich mit Mandarinenspalten und Schokoladenwürfeln garnieren. (Foto Seite 77, oben links).

4 Portionen à 335 Kalorien

6 Stück Doppelrahm Frischkäse, 2 Eßlöffel Zucker
2 Eigelb, 1 kleine Dose Mandarinen, 1/8 l süße Sahne, 1 Blatt weiße Gelatine
2 Rippen Schokolade

Vanillecreme mit Karamelsoße

Die gut gekühlte Vanillecreme oder den selbstbereiteten Pudding auf Glasteller stürzen. Zucker mit 2 Eßlöffel Wasser goldgelb schmelzen. Mit 1/2 Tasse Wasser ablöschen und so lange kochen, bis der Zucker gelöst ist. Die kalte Soße um die Vanillecreme gießen und die Vanillecreme mit Krokant, eventuell mit säuerlicher Konfitüre garnieren.

4 Portionen à 190 Kalorien

4 Becher Vanillecreme (im Handel erhältlich) oder ein Päckchen Vanille-Puddingpulver und Zutaten dafür
4 Eßlöffel Zucker
1 Beutel Krokant

Schokoladenpudding mit Rumsoße

Puddingpulver, Pulverkaffee, Ingwer, Zimt und Zukker mit 1/8 l kalter Milch verrühren. Restliche Milch aufkochen, von der Kochstelle nehmen und Puddingpulver einrühren. 2 Minuten kochen und danach in eine kalt ausgespülte Puddingform füllen. Mindestens 3 Stunden (oder länger) kalt stellen, die letzte halbe Stunde in den Kühlschrank. Stürzen. Mit Sahne und Früchten beliebig garnieren. Für die Soße: Aprikosenmarmelade mit Weißwein und Zucker aufkochen. Kalt stellen und Rum untermischen. Zum Schokoladenpudding reichen. (Foto auf dem Titel).

4 Portionen à 490 Kalorien

2 Päckchen Schokoladen-Puddingpulver, 1 Teel. Pulverkaffee, 1/2 gestrichener Teel. gemahlener Ingwer
1/2 gestrichener Teel. Zimt
100 g Zucker, 1 l Milch
Für die Soße: 1/2 Glas Aprikosenmarmelade
1 Tasse Weißwein
1 gehäufter Eßl. Zucker
3 Likörgläser Rum

Schokoladencreme

4 Portionen à 355 Kalorien

4 Blatt helle Gelatine
2 Eigelb, 2 Eßlöffel Zucker
1 Päckchen Vanillinzucker
2 Eßlöffel Kakao
1 Teelöffel Pulverkaffee
1 Löffelspitze Zimt
1/4 l Milch, 2 Eiweiß
1/4 l süße Sahne
etwa 1 Likörglas Rum

Gelatine in kaltes Wasser legen. Eigelb, Zucker, Vanillinzucker, Kakao, Pulverkaffee und Zimt in eine Schüssel geben. Milch aufkochen und zu den Zutaten in der Schüssel rühren. Schüssel in kochendes Wasser stellen und die Creme etwa 3 Minuten rühren. Gelatine ausdrücken und darin auflösen. Creme zugedeckt im kalten Wasserbad abkühlen lassen. Eiweiß zu Schnee schlagen und mit der steifgeschlagenen Sahne unter die Creme ziehen, wenn sie zu stocken beginnt. Rum darunterrühren und Creme in Gläser verteilen. (Foto Seite 77, oben rechts).

Schokoladen-Orangenspeise

4 Portionen à 530 Kalorien

4–5 Blatt weiße Gelatine
1/4 l Orangensaft
2 Eßlöffel Zucker
3 Orangen
Für die Schokoladencreme:
4 Eigelb
3–4 Eßlöffel Zucker
30 g Kakao, 1/4 l Milch
3–4 Blatt weiße Gelatine
4 Eiweiß, 1 Prise Salz
1/4 l süße Sahne
1 Eßlöffel Zucker
1 Teelöffel Schokoladen-streusel

Gelatine in kaltem Wasser einweichen, gut ausdrücken und im erhitzten Orangensaft auflösen. Zucker zufügen und umrühren. Saft in eine gut ausgespülte Form gießen und einige dünne Orangenscheiben mit Schale zur Flüssigkeit geben. Im Kühlschrank stocken lassen. Für die Schokoladencreme: Eigelb mit Zucker schaumig rühren, Kakao und Milch zufügen. Gelatine in kaltem Wasser einweichen, gut ausdrücken, im Wasserbad auflösen und in die Creme geben. Creme über Wasserdampf so lange schlagen, bis sie dicklich wird und bei der Probe einen Holzlöffel wie eine Glasur überzieht. Masse unter öfterem Umrühren erkalten lassen. Eiweiß mit Salz zu steifem Schnee schlagen. Eischnee unter die Creme heben, ein paar Minuten stehen lassen, dann die gesüßte Sahne (2 Eßlöffel davon zurückbehalten) unter die kalte, noch nicht ganz feste Schokoladencreme ziehen. Diese vorsichtig auf die fest gewordene Orangensülze füllen und die Speise nochmals in den Kühlschrank stellen. Auf eine Platte stürzen, mit filierten Orangenspalten umlegen, in die Mitte die restliche Sahne geben und mit Schokoladenstreusel bestreuen. (Foto Seite 77, unten).

Champagnercreme

Eier, Zucker, Vanillinzucker und abgeriebene Zitronenschale im heißen Wasserbad schaumig schlagen. Gelatine in kaltem Wasser einweichen, ausdrücken und unter den warmen Eierschaum schlagen. Kalt stellen. Bevor die Creme zu stocken beginnt, 2 Gläser Champagner oder eine Flasche Piccolo-Sekt druntermischen. Vor dem Servieren mit Waffelröllchen garnieren. (Foto Seite 76, oben rechts).

4 Portionen à 170 Kalorien

3 Eier, 75 g Zucker
1 Päckchen Vanillinzucker
etwas abgeriebene Zitronenschale, 4 Blatt weiße Gelatine
2 Gläser Champagner oder
1 Flasche Piccolo-Sekt
Waffelröllchen

Äpfel mit Quarkcreme

Quark mit Eigelb, Sahne, Zucker und gesiebtem Kakao schaumig rühren. Mit einem Schuß Rum abschmecken und in die Mitte eines Glases hoch spritzen. Äpfel schälen, ausstechen, in Achtel schneiden. Apfelspalten mit Zitronensaft beträufeln und mit Aprikosenmarmelade bestreichen. Sternförmig um die Quarkcreme setzen. Apfelstücke mit geviertelten Kirschen und gehackten Pistazien garnieren. (Foto Seite 76, oben links).

4 Portionen à 340 Kalorien

500 g Quark, 2 Eigelb
2 Eßlöffel süße Sahne
3 Eßlöffel Zucker
1/2 Eßlöffel Kakao
1 Eßlöffel Rum, 4 Äpfel
Saft von 1/2 Zitrone, 3 Eßl.
Aprikosenmarmelade
4 Maraschinokirschen
1/2 Eßl. gehackte Pistazien

Festliche Schokoladencreme

Eigelb mit zerkleinerter Schokolade, Kakao, Pulverkaffee und Zucker verrühren, kochende Milch zugießen und die Creme im kochenden Wasserbad 3–4 Minuten rühren. Die in kaltem Wasser 5 Minuten eingeweichte und ausgedrückte Gelatine unter die Creme geben, kalt stellen. Kurz vor dem Stocken der Creme steifen Eischnee und geschlagene Sahne unterheben, in eine kalt ausgespülte Form füllen und im Kühlschrank erkalten lassen. Durch Eintauchen der Form in heißes Wasser Creme stürzen, mit mit Vanillinzucker gesüßter Schlagsahne, geraspelter Schokolade, gehobelten Mandeln, Streifen von der Orangenschale und beliebigem Gebäck garnieren. (Foto Seite 76, unten).

4 Portionen à 655 Kalorien

4 Eier, 1 Tafel Schokolade
1 Eßlöffel Kakao
1 Teelöffel Pulverkaffee
3 Eßlöffel Zucker
1/4 l Milch, 6–8 Blatt helle Gelatine, 1/4 l süße Sahne
Für die Garnitur:
1/8 l süße Sahne
1 Päckchen Vanillinzucker
etwas Schokolade
1 Eßlöffel gehobelte Mandeln, Orangenschale
Mürbeteigringe

Stachelbeercreme

4 Portionen à 255 Kalorien

250 g Stachelbeeren
1/8 l Wasser, 100 g Zucker
1 Päckchen Vanillinzucker
30 g Speisestärke
1/8 l Wasser
1/8 l süße Sahne

Stachelbeeren waschen, putzen, in Wasser gar kochen und pürieren. Anschließend die Fruchtmasse, Zucker und Vanillinzucker nochmals aufkochen. Speisestärke in 1/8 l Wasser anrühren, in die Fruchtmasse gießen, unter Rühren kurz kochen und unter weiterem Umrühren erkalten lassen. Sahne schlagen und unter die Creme ziehen. Mit einigen Früchten, Krokant oder gerösteten Haferflocken garnieren. (Foto rechts, oben).

Mandarinencreme

4 Portionen à 340 Kalorien

4 Blatt helle Gelatine
2 Eier, 3 gehäufte Eßlöffel Zucker, 1/8 l Weißwein
1/8 l frisch gepreßter Mandarinensaft
1/4 l süße Sahne
2 Likörgläser Weinbrand oder Orangenlikör

Gelatine in kaltes Wasser legen. Eigelb und Zucker zusammen schaumig rühren. Weißwein und Mandarinensaft aufkochen, zum schaumigen Eigelb rühren, ins kochende Wasserbad setzen und 2 Minuten mit dem Schneebesen des Handmixers schaumig schlagen. Gelatine ausdrücken und in die heiße Creme rühren. Kühl stellen und warten, bis die Creme zu stocken beginnt. 2 Eiweiß ganz steifschlagen und darunterziehen. Sahne auch steifschlagen und unter die Creme heben. Weinbrand oder Orangenlikör in die Creme geben, Creme in Gläser verteilen und mit Mandarinenscheiben und Kirschen garnieren. (Foto S. 84, unten links).

Eicreme mit Kirschen

4 Portionen à 180 Kalorien

3 Eier, 1 Päckchen Vanillinzucker, 2 Eßlöffel Zucker
1 gestrichener Teelöffel Gelatine, Saft von 1/2 Zitrone, 1 Tasse Weißwein, 250 g Kirschen
1 Eßlöffel Zucker
1 Prise Zimt

Eier, Vanillinzucker, Zucker und Gelatine, Zitronensaft und Weißwein über Wasserdampf dicklich schlagen und kaltrühren. Die entsteinten Kirschen mit 1/2 Tasse Wasser einige Minuten kochen, mit Zucker süßen und kalt werden lassen. Eicreme und abgetropfte Kirschen abwechselnd in Gläser füllen und mit Zimt bestäuben. Statt Weißwein kann auch der Kirschsaft verwendet werden. (Foto rechts, unten).

Karamelcreme

4 Portionen à 400 Kalorien

1 Eßlöffel Butter oder Margarine, 100 g Zucker
1/2 Tasse Wasser
1/2 l Milch, 6 Eier
2 Päckchen Vanillinzucker
2 gehäufte Eßlöffel Zucker

Fett zerlassen, Zucker zugeben, unter ständigem Rühren zu Karamel werden lassen. Mit Wasser ablöschen, zu dickem Sirup kochen und diesen in 4 Metallförmchen oder Kaffeetassen gießen und erstarren lassen. Milch aufkochen und zu den mit Vanillinzucker und Zucker verrührten Eiern geben. Diese Eiermilch in die Tassen oder Förmchen füllen und im Wasserbad, ohne zu kochen, in ca. 40 Minuten gar ziehen lassen. Beim Garen legt man den Deckel halb auf. Karamelcreme stürzen, den unten in den Förmchen festsitzenden Karamel mit etwas heißem Wasser lösen und als Soße übers Dessert gießen. (Foto auf dem Titel).

Mousse au chocolat

4 Portionen à 490 Kalorien

3 Eigelb, 100 g Puderzucker
1 Päckchen Vanillinzucker
200 g Blockschokolade
1 Eßlöffel Butter, 1 Eßlöffel Rum oder Kirschwasser
4 Eiweiß, 1 Prise Salz

Eigelb, Puderzucker und Vanillinzucker weißschaumig schlagen. Schokolade zerlassen und mit Butter und Rum oder Kirschwasser verrühren. Eiweiß und Salz steifschlagen. Zuerst die aufgelöste Schokolade in die Eigelbcreme rühren, dann den Eischnee locker darunterheben. Mousse au chocolat in 4 Gläser verteilen, zudecken und 2 Stunden in den Kühlschrank stellen. Vor dem Servieren mit Mandelsplittern oder steifer Schlagsahne garnieren und dazu zartes Biskuitgebäck reichen. – Ein Dessert für Festessen.

Zabaione (Weinschaum)

4 Portionen à 220 Kalorien

4 Eigelb, 150 g Puderzucker
1/5 l Weißwein
abgeriebene Zitronenschale
Kirschen zum Garnieren

Eigelb und Puderzucker gut verrühren. Weißwein dazugeben und im Wasserbad bei schwacher Hitze schaumig schlagen. Die Creme darf nicht kochen, sonst gerinnt sie. Weincreme rühren, bis sie kalt ist, damit sie nicht zusammenfällt. Danach in Gläser füllen und mit Kirschen garnieren und gekühlt servieren.

Quarkcreme mit Pfirsichen

Pfirsiche in heißes Wasser tauchen, abziehen, in Spalten schneiden und dabei entkernen. Quark, Puderzucker und Zitronensaft in eine hohe Schüssel geben und mit dem Schneebesen des Handmixers schaumig schlagen. Orangenlikör oder Apricot Brandy unter die Quarkcreme ziehen. Sahne steifschlagen und darunterheben. Pfirsichspalten und Quarkcreme in 4 hohe Gläser schichten und das Dessert noch etwa 10 Minuten kühlen. Dann mit geschnittenen Mandeln und Florentinern garnieren. (Foto links, oben rechts).

4 Portionen à 265 Kalorien

4 reife Pfirsiche
375 g Magerquark
3 Eßlöffel Puderzucker
Saft von 1 Zitrone
1 Likörglas Orangenlikör oder Apricot Brandy
1/8 l süße Sahne, einige Mandeln und Florentiner Gebäck zum Garnieren

Kirschcreme

Kirschen entsteinen. Zucker mit Rotwein aufkochen, Kirschen darin 3 Minuten kochen. Gelatine 3 Minuten in kaltes Wasser legen, ausdrücken und zu den heißen Kirschen geben. Kalt stellen. Vor dem Stocken Quark unterrühren. Abgeriebene Zitronenschale untermischen und in Gläser füllen. Kalt stellen. Mit Mandeln und Kirschen garnieren. (Foto links, oben links).

4 Portionen à 325 Kalorien

500 g Süßkirschen
2 gehäufte Eßlöffel Zucker
1/8 l Rotwein, 2 Blatt rote Gelatine, 250 g Magerquark
1/8 l süße Sahne
abgeriebene Schale von 1 Zitrone, Mandeln

Erdbeer-Sahne-Creme

Erdbeeren waschen, entstielen, längs halbieren und abtropfen lassen. In eine Schüssel geben. Zitronensaft, Puderzucker und Kirschwasser miteinander verrühren, über die Erdbeeren gießen, zudecken und 1/2 Stunde kalt stellen. Inzwischen Gelatine 5 Minuten in kaltes Wasser legen. Sahne steifschlagen und Vanillinzucker daruntergeben. Die Gelatine ausdrücken und in 2 Eßlöffel kochendem Wasser auflösen. Nun die Sahne nochmal schlagen und dabei die aufgelöste Gelatine hineingießen. Erdbeeren darunterheben, Creme in vier Gläser verteilen. (Foto links, unten rechts).

4 Portionen à 385 Kalorien

250 g Erdbeeren, Saft von 1/4 Zitrone, 4 Eßlöffel Puderzucker, 1 Likörglas Kirschwasser
4 Blatt helle Gelatine
3/8 l süße Sahne
2 Päckchen Vanillinzucker
etwa 2 Eßlöffel Wasser zum Auflösen der Gelatine

Ananasfluff mit Schokoladeschnitten

4 Portionen à 340 Kalorien

350 g Sahnequark, 2 Eigelb
3 Eßlöffel Zucker, 1 Prise
Salz, 1 Eßlöffel Rum
1/8 l Milch
1 Dose Ananas
4 Blatt weiße Gelatine
2 Eiweiß, 1 Päckchen
Schokoladeschnitten

Sahnequark glattrühren, Eigelb, Zucker, Salz und Rum zufügen. Mit Milch und Ananassaft nach Bedarf den Quark cremig rühren. Gelatine einweichen und mit 5–6 Eßlöffel heißem Ananassaft auflösen. Eiweiß zu steifem Schnee schlagen und zusammen mit der Gelatine unter die Quarkcreme heben. Alles in eine gut ausgespülte längliche Form füllen und Masse im Kühlschrank fest werden lassen. Vor dem Servieren den Ananasfluff stürzen, in gleichmäßige Stücke schneiden und die Schokoladeschnitten darauflegen. Die Fluffschnitten anrichten und mit Ananasstückchen und knusprig frischem Gebäck garnieren.

Nougatcreme

4 Portionen à 365 Kalorien

2 Riegel Nougat, 4 Ecken
Doppelrahm-Frischkäse
2 Päckchen Vanillinzucker
4–6 Eßlöffel Milch

Nougat erwärmen, mit Frischkäse, Vanillinzucker und Milch zu einer glatten Creme rühren. In Gläser füllen. Für 1/2 Stunde in den Kühlschrank stellen und servieren. Wer mag, kann die Nougatcreme mit Schokoladen-Mokkabohnen, kandierten Früchten oder Schlagsahne garnieren.

Creme „Aurora"

4 Portionen à 245 Kalorien

40 g Speisestärke
1/2 l Milch, 70 g Zucker
1 Päckchen Vanillinzucker
250 g Erdbeeren, eventuell
etwas Zitronensaft
eventuell 250 g Aprikosen

Speisestärke in etwas Milch anrühren. Die übrige Milch, Zucker und Vanillinzucker zum Kochen bringen. Angerührte Speisestärke zugießen und unter Rühren kurz aufkochen. Die Creme unter öfterem Umrühren erkalten lassen. Erdbeeren waschen, abtropfen lassen, entstielen und pürieren. Erdbeerpüree unter die erkaltete Creme ziehen. Creme eventuell mit etwas Zitronensaft abschmecken und in eine Glasschale füllen. Nach Belieben mit halbierten rohen oder gedünsteten und gesüßten Aprikosen belegen.

Erdbeer-Joghurt-Creme

4 Portionen à 440 Kalorien

50 g Speisestärke, 2 Eigelb
2 Becher Joghurt
500 g frische ungezuckerte Erdbeeren

Speisestärke, Eigelb, Zucker und Milch verrühren, unter Rühren zum Kochen bringen und kurz aufkochen. Den heißen Flammeri sofort unter das steifgeschlagene Eiweiß heben, erkalten lassen und Joghurt dazurühren. Erdbeeren waschen, abtropfen lassen, entstielen und vierteln. Schichtweise Joghurtcreme und Erdbeeren in Gläser oder in eine Schale füllen und gut gekühlt und mit Erdbeeren garniert servieren.

Kirschwassercreme

4 Portionen à 230 Kalorien

15 Maraschinokirschen
250 g Magerquark
2 Likörgläser Kirschwasser
2 gehäufte Eßl. Zucker, Saft von 1/2 Zitrone, 1 Beutel Dessertschaum, 1/8 l Milch

Maraschinokirschen fein hacken, mit Magerquark, Kirschwasser, Zucker und Saft von 1/2 bis 1 Zitrone verrühren. Den Dessertschaum mit der Milch schaumig schlagen und locker unter den Quark heben. In 4 Gläser verteilen und etwa 1 Stunde lang kalt stellen.

Käsesahnecreme mit Kirschen

8 Portionen à 380 Kalorien

50 g trockener Quark
100 g Zucker, 2 Eier
1 Päckchen San apart
1 Zitrone, 1/4 l süße Sahne
1 Paket Löffelbiskuits
1/2 Dose Sauerkirschen
1 Päckchen Tortenguß
1–2 Eßlöffel Zucker

Quark mit Zucker, Eigelb, 50 g San apart und abgeriebener Zitronenschale gut verrühren. Eiweiß zu Schnee schlagen. Sahne und 4 gehäufte Teelöffel San apart zugeben und gut schaumig schlagen, danach unter die Käsemasse heben. Den Rand einer kleinen Springform auf eine Platte setzen, etwas von der Creme hineingeben und die Löffelbiskuits als schrägen Rand anordnen, die restliche Creme einfüllen. Kirschen abgießen, den Saft mit dem Tortenguß und Zucker aufkochen, Kirschen zugeben und etwas abkühlen lassen. Nach Belieben ein Glas Kirschwasser zugeben. Bevor die Kirschen gelieren, Kirschen auf der Creme verteilen und kalt stellen. Vor dem Servieren die Käsesahnecreme mit etwas Sahne garnieren.

Weincreme

4 Portionen à 220 Kalorien

1/4 l Weißwein
Saft und abgeriebene
Schale von 1/2 Zitrone
3 Eigelb, 3 gehäufte Eßlöffel
Zucker, 6 Blatt helle Gelatine
1/4 l süße Sahne, einige
Maraschinokirschen und
Trauben

Weißwein, abgeriebene Zitronenschale und Zitronensaft, Eigelb und Zucker im heißen Wasserbad schaumig schlagen. Die Creme muß dabei dicklich werden. Die in kaltem Wasser 5 Minuten eingeweichte Gelatine ausdrücken, unter die Eicreme geben, kalt stellen und dabei einige Male umrühren. Vor dem Stocken der Creme 1/4 l geschlagene Sahne unterheben. Creme in Gläser füllen und mit gehackten Maraschinokirschen und Trauben garnieren. (Foto rechts, oben links).

Schnee-Eier mit Vanillesoße

4 Portionen à 195 Kalorien

4 Eiweiß, 1 Prise Salz
3 gehäufte Eßlöffel Zucker
1/2 l Milch
2 Päckchen Vanillinzucker
1 gehäufter Teelöffel Speisestärke, 2 Eigelb

Eiweiß und Salz in einen Rührbecher geben und steifschlagen. Zucker hinzufügen und kurz weiterschlagen. Milch und Vanillinzucker erhitzen, aber nicht kochen. Mit einem Eßlöffel Schneeklöße von der Masse abstechen und auf die Milch geben. Zudecken und in etwa 5 Minuten gar ziehen lassen. Dann mit einer Siebkelle herausheben, abtropfen lassen und in Portionsschälchen verteilen. Speisestärke mit 4 Eßlöffel kalter Milch (oder kaltem Wasser) und Eigelb verquirlen, zur heißen Milch rühren – nicht kochen lassen. Soße abschmecken und heiß oder kalt über die Schneeklößchen geben. (Foto rechts, oben rechts).

Gefüllte Orangen

4 Portionen à 360 Kalorien

4 mittelgroße Orangen
50 g Zucker, 3 Eigelb
4 Blatt weiße Gelatine
1/4 l süße Sahne

Orangen quer in gleich große Hälften schneiden und den Saft sorgfältig auspressen, ohne die Schalen zu beschädigen. Den Saft mit dem Zucker und Eigelb im Wasserbad 5 Minuten schlagen und die kalt eingeweichte, ausgedrückte und aufgelöste Gelatine beifügen. Alles gut verrühren. Sahne steifschlagen, leicht süßen und die Hälfte unter die kalte, noch nicht gestockte Creme mischen. Diese in die ausgeschabten Orangenhälften gießen und darin erstarren lassen. Mit restlicher Sahne garnieren. (Foto rechts, unten).

Gestürzte Johannisbeercreme

4 Portionen à 390 Kalorien

4 Eigelb, 4 Eßlöffel Zucker
1/8 l Milch, 6 Blatt helle Gelatine, ca. 500 g Johannisbeeren
1/4 l süße Sahne
1–2 Likörgläser Weinbrand Kirschwasser oder roter Fruchtlikör

Zubereitung wie unter Schokoladencreme (Seite 89) angegeben, aber nur mit 1/8 l heißer Milch. Vor dem Stocken der Creme Schlagsahne, mit 1/8 l frisch gepreßtem Johannisbeersaft vermischt, unter die Creme heben. Zuletzt die gestürzte Creme mit gesüßter Schlagsahne und einigen zurückgelassenen Johannisbeertrauben garnieren.

Vanillecreme mit Birnen

4 Portionen à 225 Kalorien

1 Päckchen Vanillecreme (ohne Kochen), 1/2 Dose Birnen, 1/8 l süße Sahne
4 Likörgläser Brombeerlikör
Saft von 1/2 Zitrone

Cremepulver in 1/4 l Birnensaft (zu wenig Saft mit etwas Wasser ergänzen) einrühren. Sahne steifschlagen, unter die Vanillecreme heben und in eine Glasschale geben. Creme mit den Birnenhälften belegen. Creme gut 1/2 Stunde kalt stellen und zuletzt mit dem Likör, mit Zitronensaft verrührt, übergießen. Nach Wunsch mit frischen oder gefrosteten Beeren garnieren, oder mit geriebener Schokolade bestreuen.
Tip: Sie können die Vanillecreme natürlich auch mit 4 Likörgläsern Birnengeist abschmecken.

Quark-Sahne auf Kirschen

4 Portionen à 330 Kalorien

500 g Sauerkirschen
1 Eßlöffel Puderzucker
4 Blatt weiße Gelatine
1/8 l süße Sahne
375 g Magerquark
Saft von 1 Zitrone
4 gehäufte Eßlöffel Zucker

Sauerkirschen waschen, abtropfen lassen und entsteinen. Mit Puderzucker überstreuen. Gelatine in kaltes Wasser legen. Sahne steifschlagen. Magerquark mit Zitronensaft und Zucker verrühren. Sahne locker unter den Quark heben. Gelatine gut abgetropft in kleinem Töpfchen zerlassen, schnell unter die Sahnecreme schlagen. Kirschen in Gläser verteilen. Creme darübergeben. Mit kandierten Veilchen und Pistazien oder einigen zurückgelassenen Früchten garnieren.

Karamel-Joghurt-Creme

Zucker zu Karamel zerlassen. 1/8 l heißes Wasser zugeben und zur Hälfte einkochen. Kalt stellen. Joghurt aus den Bechern in eine Schüssel geben und verrühren. Danach in Gläser verteilen und darauf Karamel gießen. Mit einem Löffelstiel Karamel kurz unter den Joghurt rühren. Eventuell kalt stellen und servieren.

4 Portionen à 140 Kalorien

50 g Zucker, 1/8 l heißes Wasser, 5 Becher Joghurt natur

Teecreme „Caroline"

Tee mit kochendem Wasser aufgießen, 3 Minuten ziehen lassen, abgießen und zu 3/8 l Flüssigkeit auffüllen. Den Tee mit Zucker und abgeriebener Orangenschale zum Kochen bringen. Speisestärke und Eigelb mit 6 Eßlöffel Orangensaft verrühren, unter Rühren in den Tee gießen, kurz kochen lassen und sofort unter den steifen Eischnee ziehen. Creme unter öfterem Umrühren erkalten lassen. Sahne steifschlagen, vorsichtig unter die erkaltete Creme ziehen und mit dem restlichen Orangensaft abschmecken. Teecreme mit Sahnetupfern oder Orangenspalten garnieren.

4 Portionen à 290 Kalorien

3 Beutel Teefix, 3/8 l Wasser
100 g Zucker, abgeriebene Schale von 1 Orange
40 g Speisestärke, 2 Eigelb
6–8 Eßlöffel Orangensaft
2 Eiweiß, 1/8 l süße Sahne

Vanilleschaum mit Johannisbeersoße

Speisestärke in genügend Milch anrühren. Die restliche Milch mit Zucker und Vanillinzucker aufkochen, angerührte Speisestärke unter Rühren dazugeben und kurz kochen lassen. Eiweiß steifschlagen und Flammeri darunterziehen. Creme in Gläser füllen. Johannisbeeren in wenig Wasser weichkochen. Beeren auf Sieb geben. Abgelaufenen Saft mit Wasser zu 1/4 Liter auffüllen. Saft mit Eigelb, Zucker und Speisestärke verquirlen, unter ständigem Schlagen bei schwacher Hitze dicklich werden lassen. Johannisbeersoße erkalten lassen, über die Creme gießen und servieren.

4 Portionen à 260 Kalorien

30 g Speisestärke
3/8 l Milch, 30 g Zucker
1 Päckchen Vanillinzucker
2 Eiweiß. - Für die Johannisbeersoße: 250 g entstielte Johannisbeeren, 6 Eßlöffel Wasser, 2 Eigelb, 80 g Zucker, 10 g Speisestärke

Ingwerreis

Reis waschen, in heiße Milch mit Zitronenschale geben und bei geringer Hitzezufuhr etwa 35 Minuten quellen lassen. Mandarinen abgießen und mit Ingwerscheiben vermischen. Eiweiß mit 1 Prise Salz zu sehr steifem Schnee schlagen, Zucker unterschlagen. Eischnee unter den heißen Reisbrei mischen und Früchte, Mandarinenschale und gemahlenen Ingwer zugeben. In Glasschale füllen und kalt stellen. Mit Mandarinenspalten, Ingwerstücken und feingeschnittener Mandarinenschale garnieren. (Foto links, oben rechts).

4 Portionen à 300 Kalorien

100 g Reis, 1/2 l Milch
Schale von 1 ungespritzten Zitrone, 1 Dose Mandarinen
2 Stücke Ingwer in Sirup
2 Eßlöffel Ingwer-Sirup
50 g Zucker, 2 Eiweiß
1 Prise Salz. – Zum Abschmecken: geriebene Mandarinenschale, 1/2 Teel. gemahlener Ingwer

Aprikosenschaum

Aprikosen waschen, halbieren und entsteinen. In gesüßtem Weißweinsud zugedeckt weich dünsten, abkühlen lassen und durch ein Sieb passieren. Eiweiß mit Salz schaumig schlagen, dann löffelweise den kalten Aprikosenbrei zufügen und alles zu einer steifen Schaummasse schlagen. Aprikosenschaum portionsweise in Gläsern oder Schalen anrichten. Mit etwas Zimt bestreuen und mit Aprikosenstückchen und Kirschen hübsch garnieren. (Foto links, oben links).

4 Portionen à 110 Kalorien

250 g Aprikosen
1/8 l Weißwein
2–3 Eßlöffel Zucker
3 Eiweiß, 1 Prise Salz
1/2 Teelöffel Zimt
eventuell einige Kirschen zum Garnieren

Haselnußcreme

Nüsse fein hacken oder durch eine Mandelmühle drehen. Mit Pulverkaffee oder Kaba (Nesquik) mischen und mit Quark und Zucker gut verrühren. Sahne halbsteif schlagen, Sahnesteif hineinstreuen und weiterschlagen, bis die Sahne steif ist. Sahne unter die Nußcreme ziehen. Mit Kirschwasser, Rum oder Weinbrand abschmecken. Creme locker in eine Glasschale füllen und kühl stellen. (Foto links, unten).

4 Portionen à 320 Kalorien

100 g Haselnußkerne
1 Teelöffel Pulverkaffee oder 2–3 Teelöffel Kaba oder Nesquik, 250 g Quark
3–4 Eßlöffel Zucker
1/4 l süße Sahne
1 Päckchen Sahnesteif
1 Likörglas Kirschwasser, Rum oder Weinbrand

Mokka-Sahne-Creme

4 Portionen à 495 Kalorien

1/4 l Milch, 4 Blatt Gelatine
3 Teelöffel Pulverkaffee
1 Teelöffel Kakao
1 Löffelspitze Zimt
4 Eßlöffel Zucker
1/2 l süße Sahne
1 Päckchen Vanillinzucker
Schokoladen-Mokkabohnen

Milch zum Kochen bringen. Gelatine in kaltem Wasser einweichen, mit Pulverkaffee, Kakao, Zimt und Zucker in die vom Feuer genommene Milch geben und kaltrühren. Die Sahne steifschlagen. Bevor die Milch stockt, gut drei Viertel davon unterheben. Creme in einer kalt ausgespülten Schale erkalten lassen, stürzen und mit der restlichen, mit Vanillinzucker gesüßten Sahne garnieren. Das Dessert mit den Mokkabohnen umlegen. Nach Belieben kann die Creme auch mit Kirschwasser, Rum oder Cognac abgeschmeckt werden.

Orangencreme mit Fruchtgelee

4 Portionen à 400 Kalorien

75 g Zucker, 3 Eigelb
abgeriebene Orangenschale
6 g weiße Gelatine
8 Eßlöffel Wasser
1 Eßlöffel Zitronensaft
1/8 l Orangensaft, 3 Eiweiß
1/4 l süße Sahne
einige Orangenscheiben
4–5 Eßlöffel Himbeer- oder Erdbeergelee, Löffelbiskuits

Zucker und Eigelb schaumig rühren und Orangenschale zufügen. Gelatine in Wasser aufweichen und in erwärmtem Orangensaft auflösen. Die Eischaummasse über Wasserdampf mit dem zugefügten Orangensaft so lange schlagen, bis die Masse dicklich wird. Dann unter öfterem Umrühren erkalten lassen und den geschlagenen Eischnee sowie die Schlagsahne unterheben. Die Creme in eine Schale füllen und im Kühlschrank steif werden lassen. Auf die Orangencreme Orangenscheiben legen und das Dessert ca. 1 cm dick mit Himbeergelee überziehen. Mit knusprig frischen Löffelbiskuits garnieren.

Cremespeise mit Früchten

4 Portionen à 455 Kalorien

80 g Speisestärke, 1 l Milch
4 Eier, 2 Päckchen Vanillinzucker, 2 Eßlöffel Zucker, 2 Tassen gewürfelte Früchte, 2 Likörgläser Rum

Speisestärke mit etwas Milch und dem Eigelb anrühren. Restliche Milch zum Kochen bringen, Speisestärke unterrühren und einmal kurz aufkochen lassen. Eiweiß zu steifem Schnee schlagen, Vanillinzucker und Zucker unterschlagen und das Eiweiß unter die Crememasse heben. Unter die erkaltete Creme die mit Rum vermischten Früchte geben. Creme mit zurückgelassenen Früchten garnieren.

Meringen-Schokoladencreme

Eiweiß mit Salz zu steifem Schnee schlagen, Zitronensaft zugeben und zuletzt den Zucker gut unterschlagen. Pergamentpapier auf ein leicht geöltes Blech legen und mit einem Eßteller einen Kreis markieren. Meringenmasse in den Kreis geben, mit einem Eßlöffel nach außen zu höher formen, in der Röhre bei 130 Grad ca. 1 1/2 Stunden backen und anschließend 2 Stunden in der geschlossenen Röhre erkalten lassen. (Diesen Meringenboden bäckt man zweckmäßig am Vortag.) – Eigelb, Vanillinzucker, Zimt, Zucker und Milch schaumig schlagen, die im Wasserbad zerlassene Schokolade und die eingeweichte, ausgedrückte und mit 2 Eßlöffel heißem Wasser aufgelöste Gelatine unterrühren. Zuletzt die geschlagene Sahne unter die Creme heben. Creme auf den Meringenboden geben. Die Creme kurz vorm Servieren mit goldgelb gerösteten, blättrig geschnittenen Mandeln garnieren.

4 Portionen à 540 Kalorien

3 Eier, 1 Löffelspitze Salz
1/2 Teelöffel Zitronensaft
3 gehäufte Eßlöffel Zucker
1 Päckchen Vanillinzucker
1 Löffelspitze Zimt
2 gehäufte Eßlöffel Zucker
1/8 l Milch, 1 Tafel Schokolade, 3 Blatt Gelatine
1/4 l süße Sahne

Gestürzte Schokoladencreme

Eigelb mit Zucker verrühren, Schokolade, Kakao, Pulverkaffee und Zimt zugeben, die heiße Milch unterrühren und diese Masse im kochenden Wasserbad ca. 2–3 Minuten schlagen. Gelatine 5 Minuten in kaltem Wasser einweichen, gut abtropfen lassen und unter die heiße Creme geben. Creme kalt stellen und vor dem Stocken die geschlagene, gesüßte Sahne unterheben. Eventuell Rum zugeben und in eine kalt ausgespülte Form füllen. Einige Stunden kalt stellen. Kalte Creme durch Eintauchen der Form in heißes Wasser stürzen und nach Belieben mit Sahnetupfern, Schokoladenstreuseln, gehobelten Mandeln, Buntzucker, Krokant und einigen Geleefrüchten ganz nach Belieben hübsch garnieren.

4 Portionen à 410 Kalorien

4 Eigelb, 2 Eßlöffel Zucker
1/2 Tafel Schokolade (grob zerkleinert), 1 Eßlöffel Kakao, 1 Teelöffel Pulverkaffee, 1 Prise Zimt
1/4 l Milch, 6 Blatt helle Gelatine, 1/4 l süße Sahne
1 Päckchen Vanillinzucker
1–2 Likörgläser Rum oder Weinbrand
Für die Garnitur:
Schlagsahne, gehobelte Mandeln, Buntzucker
Schokoladenstreusel
Krokant, rote Geleefrüchte

Ananassoufflé

Ananas abgießen. Gefettete, mit Zucker ausgestreute feuerfeste Form mit Zwieback auslegen, darauf die Ananasscheiben legen. Speisestärke mit Backpulver sieben. Eigelb mit Zucker schaumig rühren, Speisestärke und Joghurt darunterrühren. Eiweiß zu steifem Schnee schlagen, unter das Eigelb heben. Auf die Ananas geben, mit Zucker bestreuen, und bei 200 Grad auf der Unterschiene 35 Minuten backen. Sofort servieren. Nach Wunsch mit Ananassaft, gedickt mit kalt angerührter Speisestärke und mit Rum abgeschmeckt, servieren. (Foto links, oben).

4 Portionen à 375 Kalorien

1/1 Dose Ananasscheiben
6 Stücke Zwieback
50 g Speisestärke
1/2 gestrichener Teelöffel Backpulver, 4 Eier
50 g Zucker
1 Becher Joghurt

Orangencreme mit Bananen

Eigelb, Zucker und Vanillinzucker schaumig rühren. Gelatine in kaltes Wasser legen. Zitronen- und Orangensaft bis kurz vor dem Kochen erhitzen und mit der Eigelbcreme verrühren. Creme ins kochende Wasserbad stellen und 5 Minuten schlagen. Gelatine ausdrücken, hineinrühren und Creme kalt stellen, bis sie zu stocken beginnt. Inzwischen die Bananen mit einer Gabel zu Mus zerquetschen. Sahne und eventuell 2 Eiweiß steifschlagen. Sahne, Eischnee und den Alkohol unter die stockende Creme ziehen. Creme mit den enthäuteten Filets von den Orangen in Gläsern verteilen. Kurz kalt stellen und servieren.

8 Portionen à 210 Kalorien

4 Eier, 2 gehäufte Eßlöffel Zucker, 1 Päckchen Vanillinzucker
4 Blatt helle Gelatine
Saft von 1 Zitrone
1/4 l frisch gepreßter Orangensaft
2 oder 3 reife Bananen
1/4 l süße Sahne
2 Likörgläser Rum oder Orangenlikör
Filets von 2 oder 3 Orangen

Erdnuß-Dessert

Milch erhitzen. Puddingpulver mit Zucker, grob gemahlenen Erdnüssen und etwas Wasser verrühren. In die Milch geben, einmal aufkochen lassen und in eine mit Erdnüssen, Rosinen und Feigenstreifen ausgelegte Fischform füllen. Kalt stellen. Den Pudding stürzen, mit geschlagener Sahne und nach Belieben mit eingezuckerten Beeren reichen. Auch eine rote Fruchtsoße, Rezepte Seite 67+69, paßt dazu. (Foto links, unten).

4 Portionen à 305 Kalorien

1/2 l Milch, 1 Beutel oder Päckchen Vanille-Puddingpulver, 2 Eßlöffel Zucker
100 g ungesalzene Erdnußkerne (falls gesalzen, mit einem Tuch abreiben)
einige Rosinen und Feigen

Schokoladencreme mit Mandarinensülze

4 Portionen à 450 Kalorien

1/4 l Orangensaft
1/4 l Mandarinensaft
2 gehäufte Eßlöffel Zucker
5 Blatt weiße Gelatine
1 Blatt rote Gelatine
1/8 l Milch, 4 Eigelb
2 Eßlöffel Zucker
1 Päckchen Vanillinzucker
2–3 Eßlöffel Kakao
4–5 Blatt weiße Gelatine
1/8 l süße Sahne, 4 Eiweiß
1 Prise Salz
1 Dose Mandarinen

Säfte mit dem Zucker vermischt aufkochen, die kalt eingeweichte Gelatine dazugeben und auflösen. Saft durch ein Sieb in eine gut ausgespülte Form gießen und im Kühlschrank erkalten und fest werden lassen. Milch für die Creme erhitzen. Eigelb mit Zucker, Vanillinzucker und Kakao verrühren. Eingeweichte Gelatine auflösen und mit der Ei-Zucker-Masse zusammen in die warme Milch rühren. Über Wasserdampf Creme so lange rühren, bis sie dick zu werden beginnt und bei der Probe einen Holzlöffel wie Glasur überzieht. Steifgeschlagene Sahne und mit Salz geschlagenen Eischnee unter die fast kalte Creme heben. Creme kurz vor dem Festwerden auf die Mandarinensülze füllen und im Kühlschrank erkalten lassen. Durch Eintauchen der Schüssel in heißes Wasser Creme stürzen. Creme mit Mandarinenspalten und Sahne garnieren.

Früchte im Krokantring

4 Portionen à 420 Kalorien

40 g Speisestärke, 2 Eigelb
1/2 l Milch, 50 g Zucker
1 Päckchen Vanillinzucker
2 Eiweiß
Für den Krokantring:
20 g Butter oder Margarine
80 g gehackte Mandeln
20 g Zucker
Für die Füllung:
frische, gezuckerte Erdbeeren, Himbeeren oder Kirschen

Speisestärke und Eigelb in kalter Milch anrühren. Die übrige Milch, Zucker und Vanillinzucker aufkochen. Angerührte Speisestärke hineingießen und unter Rühren kurz kochen lassen. Eiweiß zu steifem Schnee schlagen. Den heißen Flammeri sofort unter den Eischnee ziehen. Speise in eine mit kaltem Wasser ausgespülte und mit Krokant ausgestreute Ringform füllen und erkalten lassen. Flammeri stürzen, die Früchte in den Ring bzw. um die Speise füllen. – Für den Krokant: Fett erhitzen und die gehackten Mandeln und den Zucker darin bräunen. Den Krokant auf einem gefetteten Blech, mit Pergamentpapier belegt, auskühlen lassen und fein hacken.

Brombeercreme

Sahne steifschlagen. San apart und Vanillinzucker gut unterschlagen. Den Likör und die gewaschenen und abgetropften, aufgetauten Brombeeren zufügen und auf Dessertteller verteilen. Mit einigen besonders großen übriggelassenen Brombeeren garnieren.

4 Portionen à 240 Kalorien

1/4 l süße Sahne
2 Teelöffel San apart
1 Päckchen Vanillinzucker
1 Likörglas Brombeerlikör
2 Tassen frische oder tiefgefrorene Brombeeren

Fruchtcharlotte mit Biskuitröllchen

1 kleine Biskuitrolle in Scheiben aufschneiden und eine Glasschale damit auslegen. Für die Creme: Eigelb, Zucker, die eingeweichte Gelatine und den erwärmten Fruchtsaft im Wasserbad dicklich-schaumig schlagen. Unter Rühren erkalten lassen und kurz vor dem Festwerden die geschlagene Sahne unterrühren. Creme in die Schüssel füllen und mit Johannisbeeren garnieren. (Foto Seite 108, oben links).

4 Portionen à 400 Kalorien

1 kleine Biskuitrolle
4 Eigelb, 2 gehäufte Eßlöffel Zucker, 4 Blatt Gelatine
1/4 l Fruchtsaft
1/4 l süße Sahne
Johannisbeeren zum Garnieren

Erdbeeren mit Orangen-Wein-Schaum

Erdbeeren waschen, entstielen, in eine Glasschüssel geben, zudecken und 1 Stunde kalt stellen. Orangensaft, Weißwein, Eier, Eigelb, Zucker und Speisestärke in eine Porzellanschüssel geben. Alles im heißen Wasserbad mit dem Schneebesen rühren, bis die Creme dicklich ist. Erdbeeren in Gläser verteilen, mit der warmen Soße übergießen. Heiß oder kalt servieren.
Tip: Die Soße schmeckt besonders gut, wenn Sie zum Schluß einen kleinen Schuß Orangenlikör (Grand Marnier) oder Weinbrand hineingeben.

4 Portionen à 255 Kalorien

500 g frische Erdbeeren
1/8 l frisch gepreßter Orangensaft, 1/8 l Weißwein, 2 Eier, 1 Eigelb
100 g Zucker, 1 gestrichener Eßlöffel Speisestärke

Flammeri mit Zwetschgenkompott

4 Portionen à 485 Kalorien

1 l Milch, 1 Prise Salz
120 g Grieß, 2 Eier
3–4 Eßlöffel Zucker
500 g Zwetschgen
1/2 l Wasser
Schale von 1 Zitrone
1 Nelke, 1 kleine Zimtstange
4 Eßlöffel Zucker

Milch mit Salz zum Kochen bringen, Grieß unter ständigem Rühren hineinrieseln lassen und auf kleiner Flamme aufquellen lassen. Eigelb, Zucker und das zu Schnee geschlagene Eiweiß unter den Grießflammeri ziehen. Flammeri in einer kalt ausgespülten Form erkalten lassen. Fest werden lassen und stürzen. Die entsteinten Zwetschgen mit den Gewürzen kurz aufkochen, mit Zucker abschmecken und über den Grießflammeri gießen. (Foto rechts, oben links).

Schokoladenflammeri

4 Portionen à 400 Kalorien

1 l Milch, 3 Eßlöffel Kakaopulver, 100 g Zucker
1 Päckchen Vanillinzucker
1 Prise Salz, 80 bis 90 g Speisestärke
1 Teelöffel Pulverkaffee
1 Ei, 1 Eßlöffel Zucker
einige kandierte Kirschen

Milch zum Kochen bringen, das Kakaopulver, mit wenig Milch und dem Zucker vermengt, einrühren und die übrigen Geschmackszutaten beifügen. Angerührte Speisestärke unter Rühren in die kochende Milch geben und aufkochen lassen. Eigelb und etwas heißen Flammeri dazugeben, unter die Masse rühren, nicht mehr kochen lassen. Eine Form mit kaltem Wasser ausspülen, Flammeri hineingießen und kalt stellen. Nach dem Stürzen mit dem gesüßten, steifen Eischnee garnieren. Mit den kandierten Früchten verzieren. (Foto rechts, oben rechts).

Himbeerpudding

4 Portionen à 360 Kalorien

3/8 l Milch, 1 Beutel oder Päckchen Himbeer-Puddingpulver, 2 Eßlöffel Zucker
250 g Himbeeren, 1/4 l süße Sahne, 2 Päckchen Vanillinzucker, 1/8 l Milch

Milch zum Kochen bringen. Das mit etwas Wasser und Zucker verrührte Puddingpulver zugießen und kurz aufkochen lassen. Himbeeren im Mixer pürieren oder durch ein Haarsieb drücken, unter den Pudding geben und in einer kalt ausgespülten Form erkalten lassen. Den gestürzten Pudding mit gesüßter, geschlagener Sahne garnieren, die restliche Sahne mit Milch verrühren und als Schaumsoße um den Pudding gießen, kalt stellen. (Foto rechts, unten).

Sekt-Vanille-Creme

4 Portionen à 420 Kalorien

4 Blatt weiße Gelatine
2 Eigelb, 75 g Zucker
2 Päckchen Vanillinzucker
abgeriebene Schale von 1 Zitrone, 1/8 l Milch
1 Fläschchen Piccolo-Sekt
1 Likörglas Maraschino
1/4 l süße Sahne

Weiße Gelatine in kaltem Wasser einweichen. Eigelb, Zucker, Vanillinzucker, abgeriebene Schale einer ungespritzten Zitrone schaumig rühren. Milch aufkochen, unter die Eigelbcreme schlagen. Über Wasserdampf 2 Minuten rühren. Kalt stellen. Vor dem Stocken Piccolo-Sekt und Maraschinolikör unter die Creme heben. Sahne steifschlagen und unterheben. Creme in Gläser füllen, für etwa 1 Stunde kalt stellen.

Schwarzwaldbecher

4 Portionen à 315 Kalorien

20 g Speisestärke, 1/4 l Milch, 75 g Zucker
1 Päckchen Vanillinzucker
250 g Sahnequark
2–3 Eßlöffel Kirschwasser
250 g Sauerkirschen
50 g Schokolade

Speisestärke, Milch, Zucker und Vanillinzucker miteinander verrühren, unter Rühren zum Kochen bringen und kurz aufkochen lassen. Flammeri abkühlen. Sahnequark schaumig schlagen, löffelweise Flammeri darunterrühren und mit Kirschwasser abschmecken. Schichtweise gewaschene und gezuckerte Kirschen, Quarkcreme und geraspelte Schokolade in Gläser füllen.

Bananen-Orangensülze

4 Portionen à 430 Kalorien

5 Bananen, 2 bis 3 Orangen
1/2 l Orangensaft
knapp 1/2 l Wasser
1 Likörglas Cognac, 12 Blatt weiße Gelatine
5 gehäufte Eßlöffel Zucker
1/8 l süße Sahne
2 Eßlöffel Zitronensaft

Bananen und Orangen schälen. 1 Banane und die Orangen in Scheiben schneiden. Orangensaft mit Wasser und Cognac mischen. Gelatine 5 Minuten in kaltem Wasser einweichen. Orangensaft mit Zucker zum Kochen bringen, abschmecken und die gut ausgedrückte Gelatine zugeben. Eine längliche Form ausspülen und mit Flüssigkeit dünn ausgießen, steif werden lassen. Die vier ganzen Bananen hineinlegen, eine Schicht Sud darübergeben und fest werden lassen. Darauf die Orangenscheiben legen und den restlichen Sud darübergeben. Nach 3 bis 4 Stunden kann die Sülze gestürzt werden. Sülze mit einem Sahnekranz garnieren und mit Bananenscheiben, in Zitronensaft gewendet, umlegen. Sofort servieren.

Mandelpudding mit Rhabarberkompott

Milch mit der Prise Salz zum Kochen bringen. Puddingpulver nach Vorschrift anrühren, in die heiße Milch gießen, Zucker hineingeben und den Mandelpudding mit Eigelb legieren. Eiweiß mit einem Eßlöffel Wasser zu Schnee schlagen und unter den etwas abgekühlten Pudding heben. Pudding in Glasschälchen füllen, auskühlen lassen und Rhabarberkompott daraufgeben. Mit Mandelsplittern überstreuen.

4 Portionen à 290 Kalorien

1/2 l Milch, 1 Prise Salz
1 Päckchen Mandelpudding
2–3 Eßlöffel Zucker, 1 Ei
250 g Rhabarberkompott
2 Eßlöffel gehackte Mandeln

Erdbeercreme mit Borkenschokolade

Erdbeeren waschen, abtropfen lassen und entstielen. Früchte mit einer Gabel leicht zerdrücken, einzuckern, mit Kirschwasser übergießen und durchziehen lassen. Sahne steifschlagen, die Erdbeermasse mit Vanillinzucker und zerkleinerter Borkenschokolade untermischen. Die zuvor eingeweichte und mit 6 Eßlöffel heißem Wasser aufgelöste Gelatine schnell dazurühren. Creme in eine Schüssel füllen, im Kühlschrank stocken lassen und nach dem Stürzen mit Borkenschokolade und einigen ganzen Erdbeeren garnieren.

4 Portionen à 605 Kalorien

250 g Erdbeeren, 3 Eßlöffel Zucker, 1 Eßlöffel Kirschwasser, 1/2 l süße Sahne
1 Päckchen Vanillinzucker
100 g Borkenschokolade
5 Blatt weiße Gelatine

Rum-Mokka-Creme

Rosinen heiß waschen, abtrocknen, mit Rum übergießen und zudecken. Milch mit Zucker aufkochen, Speisestärke und Pulverkaffee mit wenig kalter Milch anrühren und die kochende Milch damit binden. Eiweiß mit der Prise Salz zu steifem Schnee schlagen. Eigelb kurz unterrühren und unter die heiße Creme heben. Rosinen mit dem Rum untermischen und die Creme in Gläser oder in eine große Schüssel füllen. Erkalten lassen und mit Waffelröllchen, gehobelten Mandeln und nach Belieben mit Schlagsahne garnieren.

4 Portionen à 320 Kalorien

4 Eßlöffel Rosinen
3 Likörgläser Rum
1/2 l Milch
3 gehäufte Eßlöffel Zucker
30 g Speisestärke
5 Teelöffel Pulverkaffee
2 Eier, 1 Prise Salz

Nußflammeri mit Früchten

4 Portionen à 265 Kalorien

1/2 l Milch, 2 Eßlöffel Zucker
1 Päckchen Vanillinzucker
1 Prise Salz, 50 g gehackte Nüsse, 50 g Speisestärke
etwas Milch, 1 Ei
Zum Garnieren:
gehackte Nüsse und Früchte

Milch mit Zucker, Vanillinzucker, Salz und gehackten Nüssen zum Kochen bringen. Speisestärke mit etwas Milch und dem Eigelb verquirlen und unter Rühren in die kochende Flüssigkeit geben. Die Masse aufkochen lassen, den steifgeschlagenen Schnee obenauf geben und nach etwa 5 Minuten unterheben. Flammeri mit gehackten Nüssen bestreuen und mit Früchten garnieren. (Foto rechts, oben).

Quarkcreme in knuspriger Hülle

4 Portionen à 380 Kalorien

3 Eigelb, 2 Eßlöffel Zucker
500 g Quark, 1/2 Zitrone
4 Eßlöffel Haferflocken
2 Eßlöffel Zucker
3 Eßlöffel Erdbeermarmelade

Eigelb und den Zucker 2 Minuten lang rühren und dann mit dem Quark vermischen. Zitronenschale abreiben, Zitronensaft zum Quark geben. Quark kalt stellen. Haferflocken mit Zucker in der Pfanne goldbraun rösten und erkalten lassen. 4 Gläser mit der Marmelade ausstreichen, mit den gerösteten Haferflocken ausstreuen und die Quarkcreme hineinfüllen. Quarkcreme für 1/2 Stunde kalt stellen und servieren.

Schokoladensoufflé

4 Portionen à 210 Kalorien

knapp 1 Tasse Milch
1 Eßlöffel Zucker
1/2 Tafel Schokolade
20 g Speisestärke, 3 Eigelb
1 Teelöffel Butter
3 Eiweiß, Puderzucker

Milch mit Zucker und der zerkleinerten Schokolade aufkochen. Angerührte Speisestärke und Eigelb hineingeben und die Schokoladenmilch damit binden. Unter ständigem Rühren einige Male aufwallen lassen. Butter unterrühren. Masse vom Feuer nehmen, Eiweiß zu Schnee schlagen und unter die nicht mehr ganz heiße Creme heben. Eine Auflaufform ausfetten und mit Zucker bestreuen. Soufflémasse hineingeben, bei ca. 160 Grad in 25 Minuten backen. Kurz bevor das Soufflé fertig ist, mit Puderzucker bestreuen und vom Herd auf den Tisch bringen. (Foto rechts, unten).

Pfirsiche auf Sahnereis

4 Portionen à 600 Kalorien

1 Tasse Reis
etwas Zitronenschale
1 Prise Salz, 1 Eßlöffel Butter oder Margarine
1/2 l Milch
4–6 große Pfirsiche
1/4 l Wasser
2 Päckchen Vanillinzucker
2 Eßlöffel Zucker
Saft von 1 Zitrone
4 Blatt helle Gelatine
1/4 l süße Sahne
250 g beliebige Beeren
1 Beutel gehobelte Mandeln

Reis mit Zitronenschale, Salz, Fett und heißer Milch aufquellen lassen, bis er weich ist. Pfirsiche in heißes Wasser legen, Haut abziehen. Wasser mit Vanillinzucker, Zucker und Zitronensaft aufkochen. Pfirsiche darin ca. 10 Minuten zugedeckt ziehen lassen. Die kalt eingeweichte Gelatine in dem Pfirsichsirup auflösen und unter den Reis mischen. Reis kühl stellen. Bevor er zu stocken beginnt, die geschlagene Sahne unterheben. Reis in einer Schüssel anrichten. Die halbierten, entkernten Pfirsiche darauflegen, mit Beeren und leicht gerösteten Mandeln garnieren und kalt servieren. Zum Verfeinern kann kurz vor dem Servieren etwas mit Brombeermarmelade verrührter Brombeerlikör über die Reisspeise gegeben werden.

Überbackene Kirschen auf Reisbrei

2 Portionen à 385 Kalorien

1/4 l Milch, 1 Prise Salz
1/2 Eßlöffel Zucker
1/2 Päckchen Vanillinzucker
30 g Reisflocken
250 g Kirschen
1/8 l Rotwein, 1 Eßlöffel Zucker, 1 Stück Zitronenschale, 1 Messerspitze Zimt
2 Eiweiß, 1 Prise Salz
2 Eßlöffel Zucker
1 gestrichener Teelöffel Kakao, Puderzucker nach Bedarf, etwas Himbeermarmelade

Milch mit Salz, Zucker und Vanillinzucker zum Kochen bringen. Reisflocken unter ständigem Rühren zugeben und 3 Minuten kochen lassen. Brei auf eine leicht gefettete feuerfeste Platte streichen. Die in Rotwein mit Zucker, Zitronenschale und Zimt kurz gedünsteten Kirschen erkalten und abtropfen lassen. Auf dem Reisbrei verteilen. Das Eiweiß mit Salz zu steifem Schnee schlagen, Zucker unterrühren und über die Kirschen streichen. Mit Kakao und Puderzucker bestreut im vorgeheizten Backofen überbacken. Kirschsaft mit etwas Himbeermarmelade verrühren und getrennt als kalte Soße dazu geben.

Erdbeeren in Grießbordüre

Milch mit Salz zum Kochen bringen. Grieß einrühren und quellen lassen. Eiweiß zu steifem Schnee schlagen. Zucker unterrühren und Schnee unter den Grießbrei heben. Die Masse in eine kalt ausgespülte Form füllen und erkalten lassen. Die vorbereiteten Erdbeeren mit Kirschwasser, Zucker und Vanillinzucker marinieren und in die gestürzte Grießbordüre füllen. Rand der Grießbordüre mit geschlagener Sahne garnieren.

4 Portionen à 460 Kalorien

1/2 l Milch, 1 Prise Salz
150 g Grieß, 3 Eiweiß
3 Eßlöffel Zucker
500 g Erdbeeren
2 Eßlöffel Kirschwasser
3 Eßlöffel Zucker
1 Päckchen Vanillinzucker
1/8 l süße Sahne

Früchte in Rumteig

Milch mit Rum, Salz und Zucker verrühren. Mehl mit Backpulver sieben, in die Milch rühren und 2 Eßlöffel Öl zufügen. Ananas und Pfirsiche gut abtropfen lassen und mit Küchenkrepp trockentupfen. Mit einer Gabel in Teig tauchen und bei 180 Grad im heißen Fett knusprig ausbacken. Die Früchte anrichten, nach Belieben mit etwas Zimt und Zucker oder Vanillinzucker bestreuen. Soße: Ananas- und Pfirsichsaft aufkochen, mit 1–2 Teelöffeln kalt angerührter Speisestärke binden, kalt stellen, Fruchtmarmelade darunterrühren.

4 Portionen à 500 Kalorien

1/4 l Milch, 2 Likörgläser Rum, 1 Löffelspitze Salz
2 Eßlöffel Zucker
8 gehäufte Eßlöffel Mehl
1 gestrichener Teelöffel Backpulver, 2 Eßlöffel Öl
1/2 Dose Ananas
1/2 Dose Pfirsiche, Backfett

Gebackene Birnen mit Weinschaumsoße

Birnen schälen, halbieren und entkernen. 2 Eier teilen, Eiweiß verquirlen und Birnen hineintauchen. In einem Gemisch aus Mandeln und Semmelbröseln wenden. Backfett auf ca. 175 Grad erhitzen und Birnen darin 3 bis 4 Minuten goldgelb backen, herausnehmen und auf Küchenkrepp abtropfen lassen. 3 Eigelb und ein Eiweiß mit Weißwein, Zucker und Speisestärke im Wasserbad unter ständigem Rühren dicklich-cremig werden lassen. Diese Soße heiß zu den Birnen reichen.

4 Portionen à 315 Kalorien

4 reife Birnen, 3 Eier
1 Beutel gehobelte Mandeln
2 Eßlöffel Semmelbrösel
Backfett, 1/8 l Weißwein
3 gehäufte Eßlöffel Zucker
1 gestrichener Eßlöffel Speisestärke

Vanillecreme mit Orangengelee

Orangen- und Zitronensaft mit Wasser und Zucker verrühren und erhitzen, bis sich der Zucker auflöst. Gelatine in kaltem Wasser quellen lassen und in der heißen Flüssigkeit auflösen. Eine Form mit der Flüssigkeit ausgießen und zu Gelee stocken lassen. Für die Vanillecreme: Die Milch aufkochen. Eigelb mit dem Zucker und Vanillinzucker verrühren, Milch zugeben und über Wasserdampf schaumig-dicklich schlagen. Unter die heiße Creme die zuvor in kaltem Wasser eingeweichte Gelatine geben, Creme kaltrühren und vor dem Stocken den Schnee von 2 Eiweiß und die geschlagene Sahne unterheben. Die Creme in die Form auf das Gelee füllen, erkalten lassen, stürzen und mit halbierten Orangenscheiben und Erdbeeren garnieren. Gekühlt servieren. (Foto links, oben rechts).

4 Portionen à 505 Kalorien

Saft von 3 Orangen, Saft von 1 Zitrone, 1/8 l Wasser
3 Eßlöffel Zucker
5 Blatt helle Gelatine
Für die Vanillecreme:
1/4 l Milch, 4 Eier
3 Eßlöffel Zucker
1 Päckchen Vanillinzucker
5 Blatt helle Gelatine
1/4 l süße Sahne, 2 Orangen
einige Erdbeeren zum Garnieren

Beerencharlotte

Eiweiß steifschlagen, Zucker vorsichtig unterrühren, kleine Meringen (einen Teil der Masse mit etwas Speisefarbe rot färben) auf ein mit Pergamentpapier belegtes Blech spritzen und in der Backröhre bei 80 bis 100 Grad ca. 2 Stunden trocknen. Eigelb, Zucker und Vanillinzucker schaumig rühren, den Magerquark darunterschlagen. Milch aufkochen und die 5 Minuten kalt eingeweichte, ausgedrückte Gelatine darin auflösen. Vor dem Stocken unter die Ei-Quark-Masse geben. Die steifgeschlagene Sahne unter die Creme heben. Eine kleine Randform auf die Kuchenplatte setzen, mit den Meringen auskleiden, die Crememasse einfüllen und stocken lassen.

Für das Gelee: Aus 1 Päckchen Tortenguß, dem Orangen- und Zitronensaft, Zucker und Vanillinzucker nach Vorschrift einen Tortenguß bereiten, die mit Weinbrand abgeschmeckten Beeren zugeben und damit die Form auffüllen. Die Charlotte mit Sahne, Beeren und Pistazien verzieren. (Foto links, unten).

4 Portionen à 580 Kalorien

3 Eiweiß, 4 Eßlöffel Zucker
3 Eigelb, 2 Eßlöffel Zucker
1 Päckchen Vanillinzucker
250 g Magerquark
1/8 l Milch
6 Blatt helle Gelatine
1/4 l süße Sahne
Für das Gelee:
1 Päckchen Tortenguß
1 Päckchen Vanillinzucker
2 1/2 Eßlöffel Zucker
knapp 1/4 l Orangen- und Zitronensaft
etwa 500 g Himbeeren
etwas Weinbrand oder Kirschwasser
Pistazien und Sahne zum Garnieren

Soufflé „Grand Marnier“

4 Portionen à 350 Kalorien

4 Eier, 100 g Zucker
2 Päckchen Vanillinzucker
30 g Mehl, 1/4 l Milch
1 Teelöffel Butter
3 Likörgläser Orangenlikör
1 Prise Salz
8–10 Löffelbiskuits

Eigelb mit Zucker und Vanillinzucker gut verrühren. Mit Mehl mischen. Milch aufkochen, unter Rühren zu der Eigelb-Zucker-Masse geben. Auf dem Feuer die Masse unter ständigem Rühren einmal kurz aufkochen lassen. Danach die Butter und 1 Likörglas Orangenlikör untermischen. Eiweiß mit etwas Salz zu Schnee schlagen, unter die nur noch warme Masse heben. Eine feuerfeste, gefettete und mit Zucker bestreute Form bis zur Hälfte mit der Masse füllen, darauf die mit dem restlichen Likör getränkten Löffelbiskuits legen. Restliche Masse bis knapp 2 cm unter den Rand einfüllen und bei etwa 180 Grad auf der Mittelschiene ca. 25 Minuten backen. (Foto Seite 113, oben).

Aprikosenauflauf

4 Portionen à 420 Kalorien

1 große Dose Aprikosen
4 Eier, 1 Prise Salz

1 Päckchen Vanillinzucker
100 g geschälte, gemahlene Mandeln, 1 Eßlöffel Mehl

Aprikosen gut abtropfen lassen. Eiweiß mit Salz zu steifem Schnee schlagen, 1 Eßlöffel Zucker unterschlagen. Eigelb mit dem Zuckerrest und Vanillinzucker schaumig rühren und Eischnee, Mandeln und Mehl vorsichtig unterheben. Eine gefettete und bemehlte feuerfeste Form mit der Masse füllen. Aprikosen darin versinken lassen und den Auflauf bei 170 Grad ca. 40 Minuten backen. (Foto Seite 113, unten).

Schokoladenauflauf

4 Portionen à 720 Kalorien

6 altbackene Brötchen
75 g Butter oder Margarine
75 g Mandeln, 1/2 l Milch
5 Eier, 4 Eßlöffel Schokoladenpulver
1 Päckchen Vanillinzucker
3 Eßlöffel Zucker
Schokoladenstreusel

Brötchen in Scheiben schneiden. Fett zerpflücken und mit den gehackten Mandeln in eine gefettete Form geben. Milch mit den Eiern – zwei Eiweiß läßt man für eine Meringenhaube zurück –, Schokoladenpulver, Vanillinzucker und 2 Eßlöffel Zucker verrühren, über das Brot gießen und gut 1 Stunde durchziehen lassen. Den Auflauf bei Mittelhitze 40 Minuten in der Röhre garen. Eischnee mit dem restlichen Zucker verrühren. 10 Minuten überbacken. Mit Schokoladenstreuseln bestreuen. (Foto Seite 112, unten).

Apfel-Brot-Auflauf

4 Portionen à 1000 Kalorien

6–8 Brötchen (ca. 1 Tag alt)
1/2 l Milch, 2 Päckchen
Vanillinzucker, 100 g Butter
oder Margarine, 4 Eier
100 g Zucker, 100 g grob
gehackte Nüsse
50 g Rosinen, 1 kg Äpfel
Saft von 1 Zitrone
etwas Puderzucker

Brötchen in dünne Scheiben schneiden. Milch erhitzen, Vanillinzucker und Fett untermischen. Brötchenscheiben mit der heißen Milch übergießen, mit einem Teller beschweren und ca. 1/2 Stunde ziehen lassen. Eigelb mit 50 g Zucker schaumig rühren. Eiweiß zu Schnee schlagen. Zuletzt den restlichen Zucker gut unterschlagen. Eigelb- und Eischneemasse locker vermischen und Nüsse, Brötchen und Rosinen untermischen. Die Hälfte der Masse in eine feuerfeste, gefettete und mit Zucker oder Bröseln ausgestreute Backform füllen. Mit geschälten, entkernten und in dünne Spalten geschnittenen Äpfeln belegen, mit Zitronensaft beträufeln, mit der restlichen Brötchenmasse abdecken, mit etwas Puderzucker bestäuben und bei 190 Grad in der Backröhre ca. 40 Minuten backen. Nach Belieben Vanillesoße, Rezept Seite 66, dazu servieren. (Foto Seite 112, oben).

Tip: *Aufläufe sollen sofort nach dem Backen aufgetragen werden, sonst fallen sie zusammen. Deshalb werden sie auch in ein und derselben Form gebacken und serviert.*

Ananasauflauf

4 Portionen à 490 Kalorien

1 Beutel Kekse, 1 kleine
Dose Ananasstücke
abgeriebene Schale
von 1 Zitrone
1 Beutel gehobelte Mandeln
4 Eier, 150 g Zucker
1 Päckchen Vanillinzucker
1 Löffelspitze Zimt
1/8 l Weißwein
1 Likörglas Rum
säuerliche Fruchtmarmelade

Kekse in Stücke brechen und mit abgetropften Ananasstücken, abgeriebener Zitronenschale und den Mandeln in eine feuerfeste Form geben. 2 ganze Eier und 2 Eigelb mit 75 g Zucker, Vanillinzucker, Zimt, dem Ananassaft und dem Wein über Wasserdampf schaumig schlagen, Rum zufügen, das Ganze über die Keks-Ananas-Mischung gießen und ca. 20 Minuten einziehen lassen. Die 2 Eiweiß zu steifem Schnee schlagen, den restlichen Zucker gut unterrühren, über das Dessert geben und bei Mittelhitze ca. 20 Minuten goldbraun überbacken. Zuletzt etwas säuerliche Fruchtmarmelade darübergeben. (Foto Seite 112, unten).

Schokoladenpfannkuchen

4 Portionen à 820 Kalorien

Teig: 250 g Mehl
1 Prise Salz, 3/8 l Wasser
3 Eier, 2 Eßlöffel Butter
oder Margarine
Füllung: 1/2 l Milch
50 g Butter oder Margarine
4 gehäufte Eßlöffel
Schokoladenpulver
2 gehäufte Eßlöffel Zucker
1 Prise Salz, 2 Eigelb
2 gehäufte Eßlöffel
Speisestärke
Soße: 1/2 l Milch
1 Päckchen Vanillinzucker
1 Eßlöffel Zucker, 2 Eiweiß

Mehl, Salz, Wasser und Eier zu einem Pfannkuchenteig rühren. Daraus in Fett Pfannkuchen braten und abkühlen lassen. Füllung: Milch aufkochen, Fett, Schokoladenpulver, Zucker und Salz gut unterrühren. Eigelb mit Speisestärke und 1/3 Tasse Milch verrühren. Die erhitzte Milch damit binden und die Creme noch heiß auf die Pfannkuchen streichen, abkühlen lassen, zu Rouladen zusammenrollen. Rouladen in ca. 5–6 cm lange Stücke schneiden, in eine ausgefettete feuerfeste Form füllen. Soße: Milch mit Vanillinzucker und Zucker aufkochen, 1 Päckchen angerührtes Vanille-Soßenpulver unterrühren, vom Feuer nehmen, sofort steifen Schnee unterrühren. Rouladen mit Vanillesoße umgießen, in der Röhre bei 175 Grad ca. 25 Minuten backen. Danach die Schokoladenpfannkuchen in der feuerfesten Form sofort servieren. – Ein leckeres Hauptgericht, das besonders bei Kindern zu den beliebtesten Gerichten zählt.

Quarkpfannkuchen mit Apfelkompott

4 Portionen à 330 Kalorien

1 kg Äpfel, Saft von
1 Zitrone, 1 Vanillestange
5 Eßlöffel Zucker, 3 Eier
Salz, 125 g Magerquark
4 gehäufte Eßlöffel Mehl
1 gestrichener Teelöffel
Backpulver, etwas fein
abgeriebene Zitronenschale
etwa 1 Eßlöffel Butter
oder Margarine

Äpfel schälen, achteln und entkernen. Etwa 1/2 Tasse Wasser mit Zitronensaft, aufgeschlitzter Vanillestange und Zucker aufkochen. Äpfel hineingeben und zugedeckt gar ziehen lassen. Für die Pfannkuchen das Eiweiß mit 1 Prise Salz steifschlagen. 2 Eßlöffel Zucker einrieseln lassen und weiterschlagen. Eigelb mit Quark, Mehl, Backpulver und Zitronenschale verrühren, auf den Eischnee geben und vorsichtig darunterziehen. Jeweils wenig Fett in einer kunststoffbeschichteten Pfanne zerlassen und 4 Pfannkuchen darin braten. Mit warmem Apfelkompott servieren.

Birnenauflauf

4 Portionen à 450 Kalorien

4 reife Birnen, 3 Eier
Saft von 1/2 Zitrone
1 Prise Salz
3 gehäufte Eßlöffel Zucker
3 gehäufte Eßlöffel Mehl
50 g geriebene Nüsse
1 gestrichener Teelöffel Backpulver, 1 Eßlöffel Butter oder Margarine
Für die Soße:
1/2 Dose Aprikosen
1/2 Tasse Zucker
Saft von 1 Zitrone

Birnen schälen, halbieren und entkernen. Eier trennen. Eiweiß mit Zitronensaft und Salz zu steifem Schnee schlagen, Zucker unterschlagen und Eigelb, Mehl, Nüsse und Backpulver locker unterheben. Eine flache feuerfeste Form ausfetten. Auflaufmasse hineingießen. Birnen daraufsetzen, mit Zucker bestreuen und bei 200 Grad im Backofen ca. 40 Minuten backen. Den Auflauf heiß servieren und dazu eine heiße Aprikosensoße reichen: Aprikosen mit Saft, Zucker und Zitronensaft im Mixer pürieren. Einige Minuten kochen lassen. Damit die Aprikosensoße auch bei Tisch nicht kalt wird, servieren Sie sie am besten in einem Töpfchen, das Sie auf dem brennenden Rechaud warm halten. (Foto Seite 117, oben).

Quarkauflauf mit Schokolade

4 Portionen à 760 Kalorien

6 Eßlöffel Mehl oder
4 Eßlöffel Mehl und 2 Eßlöffel Speisestärke
60 g Butter oder Margarine
1/2 gestrichener Teelöffel Salz, 3/8 l Milch
750 g Quark, 3 Eier
100 g Zucker, abgeriebene Schale und Saft von 1/2 Zitrone, 100 g Schokolade, 6 Eßlöffel Sahne oder Milch

Mehl oder Mehl mit Speisestärke im heißen Fett anschwitzen, Salz zufügen und mit warmer Milch ablöschen, glattrühren und 2 Minuten kochen lassen. Quark durch ein Sieb streichen, mit Eigelb, Zucker, Zitronenschale und -saft verrühren. Einen Teil der Schokolade zerkrümeln und in die Milch-Mehl-Masse geben. Quarkmasse, steifgeschlagenen Schnee und Sahne oder Milch zufügen und alles zusammen in eine gefettete Auflaufform füllen. Auflauf ca. 30 bis 40 Minuten im vorgeheizten Rohr bei 180 Grad backen. Vor dem Servieren die restliche, erwärmte Schokolade über den Quarkauflauf gießen. Dazu paßt eine säuerliche Fruchtsoße. Rezepte dazu finden Sie auf den Seiten 68 und 69. (Foto Seite 117, unten).
Tip: Sieht besonders hübsch aus, wenn Sie die flüssige Schokolade im Karo-Muster über den Auflauf gießen.

Salzburger Nockerln

Eiweiß zu steifem Schnee schlagen. Zucker und Vanillinzucker kurz unterrühren. Einen Teil des Schnees mit 3 Eidottern verrühren, zum restlichen Eischnee geben. Mehl darübersieben und alles vorsichtig unterheben. Von dieser Masse in einer Pfanne mit zerlassenem Fett drei Nockerln einlegen. Nockerln von allen Seiten goldbraun anbraten. Danach Pfanne in die Röhre schieben und bei ca. 175 Grad 5 Minuten backen. Nockerln sollen innen cremig sein. Nockerln mit Puderzucker überstäuben. (Foto Seite 116, oben).

4 Portionen à 120 Kalorien

3 Eier, 2 gehäufte Eßlöffel Zucker, 1 Päckchen Vanillinzucker
1 gehäufter Eßlöffel Mehl
1/2 Eßlöffel Butter oder Margarine

Polnische Quarkküchlein

Sahnequark mit Frischkäse, Eigelb, Zucker und Vanillinzucker gut verrühren. Eiweiß zu steifem Schnee schlagen und mit Sultaninen und Zwieback- oder Kuchenbröseln sowie Mehl mischen. Davon auf bemehlter Tischplatte längliche Plätzchen formen und diese in Fett auf beiden Seiten goldbraun braten. Mit beliebigem Kompott sehr heiß servieren.

4 Portionen à 515 Kalorien

250 g Sahnequark, 2 Stück Doppelrahm-Frischkäse
3 Eier, 1 Eßlöffel Zucker
1 Päckchen Vanillinzucker
75 g Sultaninen
100 g Zwieback- oder Kuchenbrösel, 1–2 Eßlöffel Mehl, 3–4 Eßlöffel Butter oder Margarine

Quarknockerln

Quark mit Zucker, Vanillinzucker, Salz und Eigelb verrühren. Milch zugießen und geschmolzenes Fett löffelweise einrühren. Gesiebtes Mehl (oder Mehl und Speisestärke) zufügen. Zum Schluß das mit Salz steifgeschlagene Eiweiß unterheben. Mit einem Eßlöffel Klöße von der Quarkmasse abstechen. Klöße eng nebeneinander in eine ausgefettete, feuerfeste Form setzen und im Rohr bei ca. 200 Grad 20–25 Minuten backen. (Foto Seite 116, unten).

4 Portionen à 680 Kalorien

1 kg Quark, 150 g Zucker
1 Päckchen Vanillinzucker
1 Prise Salz, 4–5 Eier
1/8 l Milch, 50 g Butter oder Margarine, 120 g Mehl oder 80 g Mehl und 40 g Speisestärke, 1 Prise Salz

Semmelschmarren mit Kirschen

4 Portionen à 545 Kalorien

500 g Sauerkirschen
2 Eßlöffel Zucker
1 Tasse Wasser, 6 Brötchen
1/8 l süße Sahne
1/4 l Milch, 3 Eier
1 Eßlöffel Zucker, 2 Eßlöffel
Butter oder Margarine

Sauerkirschen waschen und entstielen. Zucker und Wasser aufkochen. Sauerkirschen 5 Minuten darin kochen. Brötchen in Scheiben schneiden. Sahne, Milch, Eier und Zucker miteinander verquirlen. Brötchen und Eiermilch mischen, 5 Minuten durchziehen lassen. Fett in einer großen Pfanne erhitzen, Brötchen hineingeben und in etwa 5 Minuten rundherum goldgelb braten. Die gut abgetropften Sauerkirschen daruntermischen und den Semmelschmarren auf einer heißen Platte anrichten.
Tip: Sie können diesen Semmelschmarren natürlich auch mit Süßkirschen zubereiten. Allerdings können Sie dann auf die 2 Eßlöffel Zucker verzichten, sonst wird der Schmarren etwas zu süß. (Foto rechts, oben).

Quarkkeulchen mit Pflaumenkompott

4 Portionen à 510 Kalorien

500 g Magerquark
3/8 l Milch, 4 Eier
3 gehäufte Eßlöffel Zucker
1 Paket Kartoffelklöße
halb und halb für 3/4 l
Flüssigkeit, 1 kg Pflaumen
3 gehäufte Eßlöffel Zucker
1 Stück Zitronenschale
2 Teelöffel Speisestärke
1 Eßlöffel Zitronensaft
Margarine zum Braten
eventuell Zimt und Zucker

Quark mit Milch, Eiern und Zucker glattrühren. Pulver für die Kartoffelklöße hineinstreuen, gut verrühren. Teig 10 Minuten quellen lassen. Inzwischen Pflaumen waschen, entkernen und mit Zucker, Zitronenschale und 1/2 Tasse Wasser etwa 5 Minuten dünsten. Speisestärke mit Zitronensaft verquirlen, zu den Pflaumen rühren und einmal aufkochen. Aus dem Quarkteig flache Bällchen, die Quarkkeulchen, formen. Quarkkeulchen in heißer Margarine goldbraun braten. Eventuell mit Zimt und Zucker bestreuen. Pflaumenkompott heiß oder kalt dazu reichen.
Tip: Falls gerade keine Pflaumensaison ist, schmeckt auch jede andere Art von Kompott zu den Quarkkeulchen. (Foto rechts, unten).

Apfel-Reis-Auflauf

4 Portionen à 600 Kalorien

200 g Milchreis, 1 l kalte Milch, 1 Eßl. Butter
1 Prise Salz, 2 Eßl. Zucker
2 Päckchen Vanillinzucker
1 1/2 kg geschälte, entkernte, geviertelte Äpfel, 2 Eßl. Zucker, Saft von 1 Zitrone
etwas Zimtstange, 4 Eier
1 Prise Salz, 3 Eßl. Zucker

Reis mit Milch, Butter und Salz ca. 40 Min. garen. Zucker und Vanillinzucker zufügen. Äpfel und Zucker, Zitronensaft, Zimtstange und 1/2 Tasse Wasser ca. 5 Min. dünsten. Reis mit 4 Eigelb verrühren, eine gefettete feuerfeste Form mit einer Lage belegen, darauf Äpfel und darüber Reisrest geben. Eiweiß mit Salz zu Schnee schlagen, 3 Eßl. Zucker unterschlagen, auf die Reismasse streichen, mit Puderzucker bestäuben. Bei 200 Grad ca. 20 Min. backen. Sofort servieren.

Kirschenschmarren

4 Portionen à 180 Kalorien

500 g frische, entsteinte Kirschen, 1/4 l Rotwein
1 Eßlöffel Zucker
1 Teelöffel Zimt
1 Stück Zitronenschale
3 Eigelb
1/2 Eßlöffel Zucker
2 Eßlöffel Mehl
1 Eßlöffel saure Sahne
1 Prise Salz, etwas Butter oder Margarine

Kirschen in Rotwein mit Zucker, Zimt und Zitronenschale weich kochen. Im Fond erkalten lassen, danach abtropfen lassen. Eigelb mit Zucker schaumig rühren. Mehl, saure Sahne und Salz dazugeben und alles gut miteinander verrühren. Eiweiß zu Schnee schlagen, unter die Masse heben und in der heißen Pfanne mit Fett Eierkuchen von einer Seite anbraten. Pfannkuchen mit 2 Gabeln zerreißen und Stücke von allen Seiten braun braten, Kirschen darüberstreuen. Alles auf eine feuerfeste Platte geben, mit Zucker bestreuen und in der Röhre kurz überbacken.

Quarkschmarren

4 Portionen à 480 Kalorien

75 g Butter oder Margarine
3 Eier, 100 g Zucker
1 Päckchen Vanillinzucker
etwas abgeriebene Zitronenschale, 1 Päckchen Vanille-Puddingpulver
250 g Sahnequark
2 Eßlöffel Butter oder Margarine

Fett, Eigelb, Zucker, Vanillinzucker und Zitronenschale schaumig rühren. Vanille-Puddingpulver und Sahnequark zugeben, zuletzt das geschlagene Eiweiß unterheben. Fett in einer großen Pfanne zerlassen, Quarkmasse hineingeben und Backofen auf Oberhitze einstellen, Pfanne hineingeben und die Masse goldgelb werden lassen. Herausnehmen, den Quarkkuchen mit 2 Gabeln zerreißen, etwas Zucker drüberstreuen und nochmals kurz in der Pfanne braten. Den Quarkschmarren auf einer vorgewärmten Platte anrichten und mit beliebigem Kompott servieren.

Kaiserschmarren

4 Portionen à 620 Kalorien

250 g Mehl, 1 Prise Salz
3/8 l Milch, 4 Eier
3 Eßlöffel Zucker
3 Eßlöffel Butter oder Margarine, 100 g Rosinen
1–2 Eßlöffel Zucker

Aus Mehl, Salz, Milch, Eigelb und Zucker einen dicklichen Teig bereiten. 1 Eßlöffel zerlassenes Fett und danach Eischnee unterheben und von der Hälfte des Teiges in einer großen Pfanne einen Pfannkuchen von beiden Seiten braten. Mit zwei Gabeln zerreißen. Die gewaschenen Rosinen unterheben, Zucker darüberstreuen und goldgelb rösten. Mit Kompott oder Zwetschgenmarmelade servieren. – Kaiserschmarren können auch mit Wasser zubereitet werden. Dann mindestens 2 Eier mehr hinzufügen. Außerdem kann man Rosinen, gehackte Nüsse oder geschälte, entkernte und gewürfelte Äpfel in den Teig einbacken.

Tip: *In Österreich, dem Heimatland des Kaiserschmarrens, wird er als sogenannte „Mehlspeis" nach dem Essen als Nachtisch serviert. Da er aber sehr voluminös ist, empfehlen wir ihn als süßes Hauptgericht, das – mit einer Suppe vorweg – ein beliebtes und schnell zubereitetes Mittagessen bildet.*

Reisschmarren

4 Portionen à 630 Kalorien

1 l Milch, 1 Eßlöffel Butter oder Margarine
200 g Reis, 1 Prise Salz
4 Eier, 125 g Zucker
2 Päckchen Vanillinzucker
1 Teelöffel Zimt, Butter oder Margarine zum Braten

Milch, Fett, Reis und Salz erhitzen und den Reis in ca. 40 Minuten aufquellen lassen, dann kalt stellen. Eigelb mit Zucker, Vanillinzucker und Zimt rühren. Eiweiß zu steifem Schnee schlagen. Eigelbmasse zuerst unter den kalten Reis rühren, danach den Eischnee unterheben. Etwas von dieser Masse in eine Pfanne mit Fett geben, auf einer Seite anbraten, danach wenden, ebenfalls anbraten. Pfannkuchen mit zwei Gabeln in kleine Stücke zerreißen und weiterbraten, bis alle Stücke goldbraun sind. Auf diese Weise die ganze Masse verarbeiten. Zum Schluß den Schmarren auf einer warmen Platte anrichten, mit Zimtzucker bestreuen und mit beliebigem Kompott servieren.

Palatschinken mit Quarkfüllung

Aus Mehl, Salz, Milch und Eiern einen Pfannkuchenteig bereiten. Im Fett ca. 8 bis 12 Pfannkuchen ausbraten. Sahnequark mit Eigelb, Zucker, Vanillinzucker und abgeriebener Zitronenschale verrühren. Eischnee mit geriebenen Nüssen untermischen. Masse in die Pfannkuchen einrollen. Pfannkuchen auf eine feuerfeste Platte setzen, mit saurer Sahne übergießen, mit Puderzucker bestäuben und bei 200 Grad 10 Minuten in der Backröhre überbacken. (Foto links, oben).

4 Portionen à 800 Kalorien

250 g Mehl, 1 Prise Salz
1/2 l Milch, 3–4 Eier
1–2 Eßlöffel Butter oder Margarine
500 g Sahnequark, 3 Eier
125 g Zucker
1 Päckchen Vanillinzucker
etwas abgeriebene Zitronenschale, 100 g geriebene Nüsse, 1/4 l saure Sahne
etwas Puderzucker

Palatschinken mit Powidl

Falls Sie die Palatschinken mit Powidl (Zwetschgenmus) füllen, streuen Sie anschließend im Backrohr geröstete, gehobelte Mandeln darüber und beträufeln die Palatschinken mit einigen Spritzern Zwetschgenwasser, Kirschwasser oder Himbeergeist. (Foto links, oben).

Omelett mit Rum

Eier mit Milch und Salz gut verquirlen. Fett in einer Pfanne aufschäumen lassen. Eimasse hineingeben und mit der Gabel rühren, dabei die Pfanne rütteln. Die leicht gestockte Eimasse oval zusammenschieben. Aprikosenmarmelade mit 2 Eßlöffeln Rum verrühren, in die Mitte des Omeletts geben. Omeletttränder darüberschlagen. Auf eine heiße Platte stürzen und das Omelett mit Zucker bestreuen. Eventuell mit einem glühend gemachten Eisenstab (im Fachgeschäft erhältlich) ein Gittermuster auf das Omelett brennen. Übrigen Rum in eine kleine Schöpfkelle geben, entzünden, brennend über das Omelett gießen. Mit Ananas umlegen, sofort servieren. (Foto links, unten).

4 Portionen à 270 Kalorien

5–6 Eier, 2–3 Eßlöffel Milch
1 Prise Salz, 1 Eßlöffel Butter oder Margarine
3–4 Eßlöffel Aprikosenmarmelade, ca. 1 Weinglas Rum, 2 Eßlöffel Zucker
2–3 Scheiben Ananas

Crêpes mit Schokolade

4 Portionen à 500 Kalorien

125 g Mehl, 40 g Puderzucker, 2 Eigelb, 1 Ei
1/8 l Milch, 1/8 l süße Sahne, abgeriebene Schale von 1/4 Zitrone, 50 g Butter
etwas Butter zum Backen
50 g Schokolade

Mehl und Puderzucker sieben. Eigelb, das Ei, sowie Milch, Sahne und abgeriebene Zitronenschale hineingeben und alles verrühren. Butter zerlassen, abkühlen und in den Teig rühren. Butter in einer Pfanne erhitzen. Dünne Pfannkuchen, Crêpes, darin backen. Crêpes zu Vierteln falten, warm stellen. Schokolade zerlassen. Über die warmen Crêpes gießen.

Tip: *Die Crêpes können auch mit Birnenwürfeln von Kompottfrüchten und geriebenen Haselnüssen gefüllt werden.*
Außerdem kann man Crêpes mit Orangenlikör, Aprikosenlikör oder Williams Christ beträufeln.
Wird reichlich Schokoladensoße gewünscht, können Sie die heiße Ingwer-Schokoladen-Soße, Rezept Seite 66, zu den Crêpes mit Schokolade reichen.

Crêpes mit Himbeeren

4 Portionen à 485 Kalorien

250 g Himbeeren
100 g Mehl, 1 Prise Salz
1 Teelöffel Zucker
1/4 l Wasser, 3 Eier
3 Eßlöffel Butter, 1 Orange
etwa 2 Eßlöffel Zucker
1/2 Weinglas Himbeergeist

Himbeeren verlesen, waschen, abtropfen lassen. Mehl, Salz und Zucker in eine Schüssel geben, Wasser und Eier darunterrühren. 1 Eßlöffel Butter zerlassen, in den Teig rühren. In einem zweiten Eßlöffel Butter sehr dünne und gleichmäßig große Pfannkuchen backen. Die dünn abgeschälte Orangenschale in feine Streifen schneiden und Orangensaft auspressen. Am Tisch 1 Eßlöffel Butter in der Pfanne zerlassen, Zucker hineinstreuen und umrühren, bis er goldbraun ist. Orangensaft dazugießen, einmal aufkochen und die zusammengefalteten Pfannkuchen, Crêpes, hineinlegen. Orangenschale und Himbeeren dazwischenlegen, kurz erhitzen und dann mit dem Himbeergeist übergießen. Anzünden, verlöschen lassen und eventuell mit fertig gekaufter Nuß-Eiscreme servieren.

Crêpes „Artemis"

4 Portionen à 730 Kalorien

100 g Mehl
1 Päckchen Vanillinzucker
1 Prise Salz, 1/4 l Milch
3 Eier, 150 g Butter
150 g Nougat
1 Packung Vanille-Eiscreme (250 g), 1 Eßlöffel Zucker
Saft von 2 Orangen
abgeriebene Orangenschale
1 Weinglas Himbeergeist oder Kirschwasser

Mehl, Vanillinzucker und Salz in eine Schüssel schütten. Milch, 2 Eier und 1 Eigelb dazurühren, so daß ein dünnflüssiger Pfannkuchenteig entsteht. Dann 50 g zerlassene Butter darunterschlagen. Von diesem Teig 8 dünne Pfannkuchen ohne Fett in der Pfanne braten. Pfannkuchen auskühlen lassen. Nougat im heißen Wasserbad geschmeidig rühren. Pfannkuchen damit bestreichen und dabei einen 2 cm breiten Rand frei lassen. Eiscreme in 8 gleichmäßige Stücke schneiden und in die Mitte der Pfannkuchen geben. Am Rand mit Eiweiß bepinseln, aufrollen und etwa 10 Minuten in das Gefrierfach legen. Restliche Butter in einer flachen Pfanne zerlassen, Zucker darin schmelzen und hellgelb werden lassen. Orangensaft und -schale zugeben und die Soße unter Rühren etwas einkochen lassen. Pfannkuchenrollen hineinlegen und mit Himbeergeist oder Kirschwasser übergießen. Alkohol anzünden, abbrennen lassen und Crêpes dann servieren.

Warmer Kirschenkuchen (Kirschenplotzer)

4 Portionen à 780 Kalorien

6 Eigelb, 100 g Butter
3 Eßlöffel Zucker, 1 Eßlöffel Kakao, 1/2 Teelöffel Zimt
wenig Muskat, 300 g Biskuit- oder Kuchenbrösel oder geriebenes Brot
ca. 1/8 l Kirschsaft oder Weißwein
1 Likörglas Kirschwasser
6 Eiweiß, 3 Eßlöffel Zucker
1 kg Kirschen

Eigelb, Butter und Zucker schaumig rühren und Kakao, Zimt und Muskat daruntergeben. Die Bröseln mit dem Kirschsaft oder dem Weißwein und dem Kirschwasser befeuchten. Das Eiweiß zu Schnee schlagen und zuletzt den Zucker unterschlagen. Die Brösel zu der Eigelbmasse rühren, die nicht entsteinten Kirschen daruntermischen. Zuletzt den Schnee leicht unterheben und diese Masse in eine gut gefettete und mit Bröseln ausgestreute Springform füllen. Man kann einige Butterflocken auflegen, Backzeit 1 Stunde, in den ersten 10 Minuten bei 200 Grad, in der restlichen Zeit bei 180 Grad, auf der Unterschiene. Den Kirschenkuchen warm servieren.

1
2
3

Crêpes „Suzette"

4 Portionen à 660 Kalorien

Für die Pfannkuchen:
175 g Mehl, 1 Prise Salz
1/4 l Milch, 3 Eier
100 g Butter
Zum Flambieren:
3–4 Orangen, 1 Zitrone
10 Stück Würfelzucker
2 Eßlöffel Zucker, 2 Weingläser Orangenlikör
2–3 Likörgläser alter Weinbrand oder Cognac

Teig: Mehl und Salz in eine Schüssel geben. Milch und Eier hinzufügen und zu einem dünnflüssigen Pfannkuchenteig rühren. Dann 2 Eßlöffel zerlassene Butter darunterschlagen. Von diesem Teig 8 dünne Pfannkuchen ohne Fett braten. Flambieren: Orangen- und Zitronenschalen mit Würfelzucker abreiben. Früchte auspressen. Die übrige Butter in einer Kupferpfanne auf einem Spiritus-Rechaud zerlassen. Zucker und Würfelzucker darin schmelzen. Orangen- und Zitronensaft dazugießen und unter Rühren etwas einkochen lassen. Orangenlikör dazugeben, Pfannkuchen hineinlegen. Mit einer Gabel einige Male wenden, zusammenfalten und in der Pfanne kreisförmig anordnen. Mit Weinbrand oder Cognac übergießen. Anzünden und brennend servieren. (Foto Seite 129, oben).

Kabinettpudding mit Äpfeln

4 Portionen à 615 Kalorien

300 g altbackene Brötchen
1/2 l Milch, 4 Eßlöffel Zucker, 1 Päckchen Vanillinzucker, 3 Eier
2 Äpfel, 100 g Rosinen
50 g Mandeln
1 Eßlöffel Butter oder Margarine

Brötchen in Scheiben schneiden und mit 1/4 l Milch übergießen. Restliche Milch mit Zucker, Vanillinzucker und den Eiern schaumig rühren. Die geschälten, entkernten und gewürfelten Äpfel, die gewaschenen Rosinen und gehackten Mandeln mit dem Brot mischen und Eimilch unterheben. Masse in eine gefettete, feuerfeste Form füllen, mit Fettflöckchen belegen und in der Röhre bei 180 Grad etwa 40 Minuten backen. (Foto Seite 128, unten, 1).

Kabinettpudding

4 Portionen à 620 Kalorien

8–10 alte Brötchen
3/4 l Milch, 4–5 Eier
1 Päckchen Vanillinzucker
2–3 Eßlöffel Zucker
50 g Rosinen
1 Beutel gehobelte Mandeln
2 Eßlöffel Zucker

Brötchen in dünne Scheiben schneiden und in eine mit Fett ausgestrichene, feuerfeste Form geben. Milch mit Eiern, Vanillinzucker und Zucker verrühren, über die Brötchen gießen. Rosinen darüberstreuen und zugedeckt ca. 20 Minuten quellen lassen. Zuletzt gehobelte Mandeln und den restlichen Zucker aufstreuen. Kabinettpudding in der Backröhre bei 175 Grad ca. 40 Minuten backen. (Foto Seite 129, unten).

Süße Topfenfleckerln

Aus Mehl, Eiern, Salz und etwas Wasser einen Nudelteig bereiten. Ruhen lassen. Zwei Platten davon ausrollen, in breite Streifen schneiden, diese in Stücke zupfen, ausgebreitet nochmals kurz ruhen lassen. In Salzwasser kochen. Die abgetropften Fleckerln mit 1 Eßlöffel Butter noch heiß in eine feuerfeste Form geben, mit gut ausgedrücktem Quark bestreuen, Zucker, Vanillinzucker, saure Sahne und gewaschene Sultaninen darübergeben und in der Röhre kurz überbacken. Topfenfleckerln mit in Butter angebräunten Semmelbröseln bestreuen. (Foto Seite 128, oben).

4 Portionen à 620 Kalorien

250 g Mehl, 3 Eier, Salz
etwas Wasser, 2 Eßlöffel
Butter, 250 g Quark
1 Eßlöffel Zucker
1 Päckchen Vanillinzucker
1/8 l saure Sahne
100 g Sultaninen
2 Eßlöffel Semmelbrösel

Apfel-Reis-Pudding

Den Reis mit kochendem Wasser überbrühen. Die Milch mit Butter, Zucker, Vanillinzucker und Salz zum Kochen bringen, den abgetropften Reis zugeben und zugedeckt etwa 35 Minuten quellen lassen. Geschälte Äpfel in Spalten schneiden und mit Zitronensaft und Zimt weichdünsten. In eine gefettete feuerfeste Form lagenweise den mit dem Eigelb verrührten Reis und die Äpfel geben, mit Eischnee bedecken, den man mit Zucker sehr steif geschlagen hat. Den Pudding in der Röhre etwa 20 Minuten goldbraun überbacken. (Foto Seite 128, unten, 2).

4 Portionen à 585 Kalorien

200 g Reis, 3/4 l Milch
1 Eßlöffel Butter
3 Eßlöffel Zucker
1 Päckchen Vanillinzucker
1 Prise Salz, 1 kg Äpfel
1 Zitrone, Zimt, 2–3 Eier
2 Eßlöffel Zucker

Aprikosenpudding

Brötchen in Scheiben schneiden und mit dem Aprikosensirup und der Milch, Eigelb, Fett, Zucker, Vanillinzucker, Zitronenschale und Zimt schaumig schlagen. Eiweiß mit dem Saft von 1/2 Zitrone zu Schnee schlagen und unter die Eigelbmasse heben. Brot mit den Aprikosen mischen und mit der Eimasse in eine gefettete, feuerfeste Form füllen. Pudding bei 180 Grad etwa 40 Minuten backen. (Foto Seite 128, unten, 3).

4 Portionen à 480 Kalorien

4 altbackene Brötchen
1/1 Dose Aprikosen, 1/4 l
Milch, 3 Eier, 50 g Butter
2 Eßl. Zucker, 1 Päckchen
Vanillinzucker, abgeriebene
Schale von 1 Zitrone
1 Löffelspitze Zimt

Warmer Pudding

4 Portionen à 370 Kalorien

3 Eier, 40 g Zucker
50 g Schwarzbrotbrösel
2 Likörgläser Kirschwasser oder Rum, 150 g gemahlene Haselnüsse, Zimt gemahlene Nelken, fein abgeriebene Schale von 1/2 Zitrone, 1 Prise Salz

Eier trennen. Eigelb und Zucker weißschaumig schlagen. Schwarzbrotbrösel in eine Schüssel geben, dazu Kirschwasser oder Rum, Haselnüsse, etwas Zimt und Nelken und fein abgeriebene Zitronenschale. Alles gut vermischen. Eiweiß mit Salz steifschlagen. Eigelbcreme und die trockene Mischung auf den Eischnee geben und locker darunterheben. Teig in eine gefettete Puddingform 3/4 hoch einfüllen. Mit dem Deckel verschließen, in kochendes Wasser stellen und 45 Minuten kochen. Dann stürzen und mit heißer Vanillesoße, Rezept Seite 66, und beliebigen Kompottfrüchten oder mit Früchten aus dem selbstangesetzten oder gekauften Rumtopf servieren. (Foto rechts, oben).

Flambierter Plumpudding nach englischer Art

8 Portionen à 700 Kalorien

200 g Rindernierenfett
200 g Weißbrot- oder Graubrotbrösel
600 g gemischte Trockenfrüchte (z. B. je 100 g Korinthen, Sultaninen, Feigen, entkernte Trockenpflaumen und je 50 g Zitronat und Orangeat)
1 Apfel, 50 g ungeschälte Mandeln, 100 g Mehl
1 Eßlöffel Zimt
je 1 gestrichener Teelöffel Nelken, Ingwer, Kardamom und Salz, 100 g Zucker (braun oder weiß)
Saft und Schale von 1 Zitrone, 2 Eier
je 1/4 Tasse Weinbrand, Rum und dunkles Bier

Rindernierenfett in erbsengroße Stücke schneiden oder hacken. Brösel untermischen. Trockenfrüchte heiß abspülen, klein würfeln. Apfel schälen, entkernen, Mandeln grob hacken. Alle festen Zutaten locker untermischen. Zitronensaft, Eier, Weinbrand, Rum und Bier verquirlen und unter die Puddingmasse geben. Gut mischen, in Keramiktopf geben und 2–14 Tage durchziehen lassen. 1 1/2-l-Form oder Schüssel aus Weißblech oder Keramik ausfetten und mit Mehl ausstäuben. Puddingmasse fest eindrücken. Gefettetes Papier darauflegen. Mit Tuch abdecken und zubinden. Etwa 3 Stunden in schwach kochendem Wasserbad garen. Oder im Schnellkochtopf 1 Stunde kochen. Gegarten Pudding auf Platte stürzen, mit Würfelzucker belegen. Rum in einem Töpfchen erwärmen, anzünden und brennend über den Plumpudding gießen. So erhält er ein feines Aroma. (Foto rechts, unten).

Mandelpudding mit Karamelsoße

4 Portionen à 480 Kalorien

150 g Mandeln, 3 Eier
100 g Zucker
1 Päckchen Vanillinzucker
1 gehäufter Eßlöffel Speisestärke
1 gestrichener Teelöffel Backpulver, abgeriebene Schale von 1 Zitrone
Für die Soße:
4 Eßlöffel Zucker, Wasser
1/2 Teelöffel Speisestärke

Mandeln reiben. Eiweiß zu steifem Schnee schlagen, Zucker und Vanillinzucker gut unterrühren. Auf den Eischnee Speisestärke und Backpulver sieben und abgeriebene Zitronenschale, Mandeln und Eigelb dazugeben. Kurz alles verrühren und in eine gefettete, mit Zucker ausgestreute Form füllen, mit Alufolie verschließen und im Backrohr bei 180 Grad ca. 1 Stunde garen. Für die Soße: Zucker mit 3 Eßlöffel Wasser zu Karamel bräunen und mit schwach 1/4 l Wasser verkochen. Die Soße leicht mit Speisestärke binden.

Haselnußpudding

4 Portionen à 330 Kalorien

4 Eier, 4 gehäufte Eßlöffel Zucker, 1 Päckchen Vanillinzucker, 1 Prise Salz
etwas Zitronensaft
100 g gemahlene Haselnüsse
1 gehäufter Eßlöffel Mehl

Eigelb mit zwei Eßlöffel Zucker und Vanillinzucker schaumig rühren. Den mit Salz und etwas Zitronensaft geschlagenen Eischnee mit dem restlichen Zucker verrühren und auf die Eigelbmasse geben. Haselnüsse und Mehl beifügen und alles leicht miteinander mischen. Die Masse in eine gefettete und mit Bröseln ausgestreute Form füllen und 1 Stunde im Wasserbad kochen lassen. Den gestürzten Pudding reichlich mit grobgehackten Haselnüssen bestreuen.

Feiner Schokoladenpudding

4 Portionen à 530 Kalorien

2 Eier, 100 g Zucker
2 gehäufte Eßlöffel Kakao
200 g Mehl, 1/2 Päckchen Backpulver, 1/8 l Milch
100 g Mandeln
Schokoladenstreusel

Eigelb mit 2 Eßlöffel Zucker schaumig rühren. Kakao, das mit Backpulver gemischte, gesiebte Mehl und die Milch nach und nach zur Eimasse geben. Eiweiß zu steifem Schnee schlagen, Zuckerrest gut unterrühren. Eischnee zusammen mit den geriebenen Mandeln unter die Puddingmasse heben, in eine gefettete und mit Bröseln ausgestreute Form füllen und im Wasserbad etwa 1 Stunde garen lassen. Heiß auf eine Platte stürzen, mit Schokoladestreuseln garnieren und mit Vanillesoße, Rezept Seite 66, übergießen.

Schokoladen-Reisspeise

4 Portionen à 735 Kalorien

3/4 l Milch, etwas Zitronenschale
1/4 Vanillestange
200 g Reis
1/4 l Himbeersaft
Saft von 1 Zitrone
4 Blatt rote Gelatine
4 Blatt weiße Gelatine
3/8 l süße Sahne
1 Päckchen Vanillinzucker
1 Dose Kondensmilch
2 gehäufte Eßlöffel Kakao
1 Eßlöffel geriebene Blockschokolade

Milch mit Zitronenschale und Vanillestange zum Kochen bringen. Reis zufügen und in 30 bis 40 Minuten bei schwacher Hitze garen. Trockengekochten Reis zum Abkühlen auf einem Tuch ausbreiten. Himbeersaft mit Zitronensaft vermischen, erhitzen, eingeweichte und ausgedrückte rote Gelatine hineingeben und darin auflösen. Himbeersaft in eine gut ausgespülte Form füllen und im Kühlschrank fest werden lassen. Weiße Gelatine in kaltem Wasser einweichen, ausdrücken und im Wasserbad auflösen. 1/4 l Sahne steifschlagen, Vanillinzucker hinzufügen und die aufgelöste Gelatine unterheben. Den körnigen Reis mit Dosenmilch etwas anfeuchten, mit der Sahne vermengen und in 2 Teile teilen. Unter eine Hälfte das Kakaopulver mischen. Die Reismassen nun abwechselnd nebeneinander in die Form auf das Himbeergelee geben und im Kühlschrank steif werden lassen. Reiscreme auf eine Platte stürzen, mit der restlichen, steifgeschlagenen Sahne garnieren und mit der geriebenen Blockschokolade bestreuen. (Foto links, oben rechts).

Überbackene Grießschnitten mit Kirschen

4 Portionen à 565 Kalorien

Für die Grießschnitten:
1/2 l Milch, 1 Eßlöffel Margarine, 2 Eßlöffel Zucker, Salz und Muskat
120 g Grieß, 2 Eiweiß
50 g Haselnüsse
1 Eßlöffel Zucker
Für die Kirschen:
750 g Kirschen, 1/4 l Rotwein, 3 Eßlöffel Zucker
Saft von 1 Zitrone, Zimt
1/2 Teelöffel Speisestärke

Milch mit Margarine, Zucker, Salz und Muskat zum Kochen bringen. Grieß einstreuen und zu einem dicken Brei kochen. Grießbrei ca. 2 cm dick auf eine flache, geölte Platte streichen und etwas erkalten lassen. In Rechtecke schneiden, auf eine gefettete Platte setzen. Eiweiß zu steifem Schnee schlagen, mit geriebenen Haselnüssen und Zucker vermischen. Masse auf die Grießschnitten streichen. Mit Kirschen belegen und im mittelheißen Ofen langsam überbacken. – Kirschen waschen, entstielen und entsteinen. In Rotwein, Zucker, Zitronensaft und Zimt dünsten. Mit Speisestärke binden. Grießschnitten mit den gedünsteten Kirschen umlegen und den gebundenen Fond als Soße getrennt dazu reichen. (Foto links, unten).

Alphabetisches Inhaltsverzeichnis

Inhaltsverzeichnis nach Gruppen

Mixgetränke und süße Soßen

Cremes und Soufflés